NUMEROLOGÍA
Una sabiduría práctica para la vida cotidiana

TÍTULOS YA EDITADOS DE LA COLECCIÓN DEL CANAL INFINITO:

1- **PROFECÍAS MAYAS** / Darío Bermúdez
2- **NIÑOS ÍNDIGO** / Sandra Aisenberg y Eduardo Melamud
3- **KABALÁH** / Ione Szalay
4- **FENÓMENOS PARANORMALES** / Alejandro Parra
5- **CALENDARIO MAYA** / Claudia Federica Zosi
6- **ENSEÑANZAS DE LOS ISHAYAS** / Sakti Ishaya, Bhushana Ishaya y Durga Ishaya
7- **I CHING** / Gustavo Rocco
8- **HATHA YOGA** / David Lifar
9- **ENERGÍA** / Mónica Simone y Jorge Bertuccio
10- **ESENCIAS FLORALES** / Bárbara Espeche
11- **GRAFOLOGÍA** / Susana Tesouro de Grosso
12- **RADIESTESIA** / P. Ricardo Luis Gerula
13- **MER-KA-BA** / Bernardo Wikinski
14- **REIKI** / Mónica Simone y Jorge Bertuccio
15- **FENG SHUI** / Sergio Chagas
16- **QI GONG** / Mario Schwarz
17- **NIÑOS CRISTAL** / Sandra Aisenberg y Eduardo Melamud
18- **ADULTOS ÍNDIGO** / María Monachesi y Bárbara Limoncelli
19- **FUEGO, AIRE, AGUA Y TIERRA** / Ana Lía Ríos
20- **REENCARNACIÓN Y DESTINO** / Ione Szalay
21- **RUNAS** / Fabiana Daversa
22- **ANTROPOSOFÍA** / Roberto Crottogini
23- **CALENDARIO MAYA 2** / Claudia Federica Zosi
24- **AURA** / Bernardo Wikinski
25- **NUMEROLOGÍA** / Mirta Izquierdo, Mirta Pueyo y Carlos Menéndez
26- **TAROT 1: ARCANOS MAYORES** / Beatriz Leveratto
27- **TAROT 2: ARCANOS MENORES** / Beatriz Leveratto
28- **ALMAS GEMELAS** / Patricia H. Azulay
29- **CHAMANISMO** / Amalia Bassedas
30- **DICCIONARIO ESOTÉRICO** / Miguel Andreux
31- **GUÍA 1 – UNA SAGRADA EXPEDICIÓN AL REINO DE LOS ÁNGELES** / Hania Cjaskowski
32- **GUÍA 2 – UNA MÍTICA TRAVESÍA AL REINO DE LOS DUENDES Y LAS SIRENAS** / Hania Cjaskowski
33- **GUÍA 3 – UNA HEROICA CRUZADA AL REINO DE LAS HADAS Y LOS DRAGONES** / Hania Cjaskowski
34- **CARTAS MÁGICAS** / Hania Cjaskowski
35- **RASTAFARIS** / Darío Bermúdez
36- **EGIPTO REVELADO** / Fernando Schwarz

NUMEROLOGÍA
Una sabiduría práctica para la vida cotidiana

Mirta Izquierdo
Mirta Pueyo
Carlos Menéndez

Colección

del Canal Infinito

Se hallan reservados todos los derechos. Sin autorización escrita del editor, queda prohibida la reproducción total o parcial de esta obra por cualquier medio -mecánico, electrónico y/u otro- y su distribución mediante alquiler o préstamo públicos.

Izquierdo, Mirta
  Numerología : una sabiduría práctica para la vida cotidiana / Mirta Izquierdo, Mirta Pueyo y Carlos Menéndez. - 1a. ed. 1a. reimp. - Buenos Aires : Kier, 2005.
  160 p. ; 20x14 cm. - (del Canal Infinito)

  ISBN 950-17-7025-7

  1. Numerología I. Título
  CDD 133.335

Diseño de tapa:
IN JAUS / Carlos Rossi
Director de la Colección:
Darío Bermúdez
Corrección:
Prof. Delia Arrizabalaga
Diagramación de interiores:
Mari Suárez
Sitio web Infinito:
www.infinito.com
LIBRO DE EDICION ARGENTINA
Queda hecho el depósito que marca la ley 11.723
© 2005 by Editorial Kier S.A., Buenos Aires
Av. Santa Fe 1260 (C 1059 ABT), Buenos Aires, Argentina.
Tel: (54-11) 4811-0507   Fax: (54-11) 4811-3395
http://www.kier.com.ar - E-mail: info@kier.com.ar
Impreso en la Argentina
Printed in Argentina

*Palabras preliminares
a la presente Colección*

ASOMBRO CONSTANTE

En este preciso momento, mundos invisibles cruzan en silencio nuestra realidad, moldeándola como si fuera de arcilla y manejándola como una marioneta. La sospecha se confirma: un aprendizaje mayor espera ser develado a cada instante.

Mientras la ciencia misma se abre a un nuevo paradigma, se redescubren *flamantes* caminos milenarios. En busca de la libertad que da el conocimiento, cada vez más personas se interesan por una cirugía existencial. Ya no se cae en el error de *ajustar el territorio al mapa*, sino al revés. Los dogmas se dejan de lado y la exploración extiende los horizontes, con amplitud y a la vez con rigor.

Por consiguiente, hay una atracción por analizar el reverso del mundo, ese "revés de la trama" que guarda tanta información útil para la vida cotidiana. ¿Quién mejor que el único canal de TV dedicado las 24 horas a indagar "el otro lado" de la realidad, junto a la editorial más reconocida del sector en toda Hispanoamérica para hacerlo posible?

Es muy probable que seamos más sobrenaturales de lo que estamos dispuestos a admitir. En este escenario, la búsqueda se vuelve encuentro, una especie de coartada para evolucionar en algún sentido.

Esta serie de títulos ofrece la visión de especialistas e investigadores que favorecen la apertura de conciencia, reformulando tópicos de pensamiento, propiciando hallazgos y facilitando el ingreso en los misterios y las enseñanzas que el canal pone a diario en pantalla. Acercando no sólo respuestas, sino también los interrogantes adecuados.

El lector encontrará señales para mejorar el estado atlético de la reflexión y la evaluación, y así llegar después a la experiencia, individual e intransferible.

Es muy placentero contribuir a abrir la mente. Agradezco la confianza de los directores del Canal Infinito y de la editorial Kier para concretar este proyecto, y la disposición de los autores hacia el objetivo común. Bienvenidos.

Darío Bermúdez
Director de la Colección – Bs. As., febrero de 2003

Darío Bermúdez es escritor. Creó "Búsqueda", medio de investigación en filosofía, arte y misticismo, y también dirige la "Colección Inicial Kier". Obtuvo varios premios como guionista (The New York Festivals, Lápiz de Oro, Promax de Oro y de Plata, etc.). Su libro de investigación "Profecías mayas - Increíbles revelaciones para nuestra época", de esta Colección, agotó rápidamente sus primeras ediciones. Creó las "Charlas para la Evolución" junto a sus autores en distintos países. Hoy integra el área de Producción Original de la señal de TV Infinito.

Capítulo 1
Introducción

Con este libro pretendemos poner a disposición del lector estudioso los procedimientos más profundos comúnmente utilizados por la Ciencia Numerológica, para dejar al descubierto las probabilidades de ocurrencia que presentan los distintos aspectos de la vida para cada uno de nosotros.

Describiremos en los primeros capítulos, los conceptos y procedimientos básicos a efectos de que el lector que no tiene experiencia previa, pueda contar con los elementos mínimos para introducirse en el tema, practicar y aplicar lo aprendido y pueda comprender sin inconvenientes los estudios más profundos y precisos que son objeto de este trabajo.

Recomendamos especialmente a quienes deseen no sólo aprender los procedimientos numerológicos, sino también conocer los antecedentes históricos y recorrer ejemplos para aplicarlos en los campos de la interpretación de los sueños, la salud, la empresa, el destino personal, etc., leer nuestro anterior libro *"¿Qué es la Numerología?"* publicado por Editorial KIER

GENERALIDADES

Comencemos recordando que los números naturales son aquellos que sirven para "contar" los elementos de la naturaleza, es decir, los números del "1" al "9" y todas sus combinaciones, agregándose el "0" como representante de la ausencia de elementos.

De la misma manera que una palabra puede ser interpretada por nuestro inconsciente de distintas formas y que, según sea el significado asumido por nuestro inconsciente, hacia allí nos dirigiremos definitivamente, si no existe determinación contraria de nuestra parte, también un número natural induce en nuestro inconsciente distintas interpretaciones.

La diferencia es que esas "inducciones" pueden ser clasificadas, —en el caso de los números— con mayor precisión que en el caso de las palabras.

Es bastante fácil advertir que la posibilidad de trabajar metódicamente con los números naturales se debe sobre todo a que tan sólo existen, básicamente, 10 números naturales (si incluimos el "0"), mientras que podemos contar las palabras por miles.

En Numerología, en vez de hablar de "interacciones" o de "interpretaciones" entre los números y nosotros, se habla de "vibración" del número, habiendo sido a partir de Pitágoras, el genial filósofo y matemático griego, cuando el término "vibración" se aplicó a los números.

Todo tiene una frecuencia de vibración característica (auditiva o no) como es el caso de las cuerdas de un violín, el color de una luz, el giro de la Tierra alrededor del Sol, la señal de televisión que viaja por el aire hasta un televisor, un número natural, etc.

Es decir, cada uno de los elementos constitutivos del "Todo", como así también el "Todo", tienen una vibración característica que los identifica y a la cual "resuenan".

Es sencillo entender el fenómeno de la resonancia, si recordamos que es posible romper una copa de cristal cuando "resuena" con la frecuencia (vibración) de una determinada nota musical en un sonido de suficiente potencia.

¿QUÉ ES LA NUMEROLOGÍA?

La Numerología es la ciencia que estudia la significación de los números naturales, "más allá" de la simple connotación aritmética o matemática; dicho en otras palabras: es la ciencia que interpreta el rango vibracional representado por cada número.

Inspirado en la Kabaláh judía, Pitágoras busca la manera de simplificar este conocimiento, llevándolo por caminos mentales que tuvieran un mejor acceso dentro del pensamiento occidental.

Así nace el **"Sistema Numerológico Pitagórico"** que atiende a las vibraciones de los números naturales y parte del cual nos ocupa en el presente trabajo.

Es posible aplicar este Sistema a todos y cada uno de los hechos cotidianos. Así, tomando lo que mencionamos al inicio de este capítulo, referente al fenómeno de la resonancia, es fácil entender la consonancia que se encontró entre los símbolos numéricos, las notas musicales y los colores, como símbolos representativos de diferentes frecuencias de ondas o vibraciones.

Por ejemplo, el número "1" responde a la nota musical "do". Así como el "do", según la escala en la que se encuentre, será un "do" bajo, un "do" medio o un "do" alto, también en la escala evolutiva el número "1", según la escala o grado de evolución de que se trate, será un "1" de baja evolución, un "1" de evolución media o un "1" de alta evolución.

En el caso de una persona que en su tránsito evolutivo ha logrado pasar por todos los Karmas (más adelante veremos qué es Karma), en sus distintas encarnaciones completando uno de sus ciclos evolutivos (es decir, pasó por todos los Karmas, del 1 al 9 de ese ciclo) y ya está dispuesta a tornar el Karma "1" del siguiente ciclo, vibrará en una escala más alta que cuando lo inició, si durante el ciclo que completó cumplió su tarea de crecimiento. Podrá investigarse entonces, si está en una evolución media o alta. Pero si no tuvo en cuenta el aprendizaje, no avanzará a un ciclo evolutivo nuevo y deberá repetir el mismo ciclo en que se encuentra, hasta transformarlo.

Esa investigación que mencionamos se puede llevar a cabo a través del "Estudio Numerológico", prestando principal atención a factores tales como: "las lecciones Kármicas", "el número de Karma" y "la personalidad" teniendo, por supuesto, como principal factor al individuo el que estamos estudiando.

Siguiendo con las ejemplificaciones, encontramos que un Karma "9", en su vibración más alta, define al líder espiritual y, en su vibración más baja, a una persona que deberá atravesar toda una vida de pruebas y de dificultades

Personas con Karma 9, como Mahatma Gandhi, en un momento de su vida definen su Karma. Gandhi, que era un abogado prestigioso, dado a los placeres de la vida acomodada, va produciendo un cambio tan profundo que lo conduce a convertirse en el adalid de la no violencia; derrota al imperio inglés, sin derramar una sola gota de sangre, con la sola presencia de su convicción y su fuerza interior. Nace el líder espiritual de la Luz.

A su vez, otras personas con Karma 9, –como Hitler– transitan su camino terrestre quejándose de las dificultades que este Karma les acarrea, sin darse cuenta de que los obstáculos no son más que instancias a superar para poder evolucionar adquiriendo sabiduría. Muchos de ellos optan por el liderazgo espiritual de la sombra y hacia ella se dirigen.

En este punto es importante mencionar –a efectos de entender mejor, la razón por la cual, personas identificadas por el mismo número de Karma puedan tener vidas tan distintas– que cada número tiene dos significados: uno universal y el otro particular. Iniciaremos el análisis del significado universal e ingresaremos en el campo del análisis individual a partir del "Tránsito de Letras". El estudio profundo y particularizado es el que define las causas de la tendencia dominante, pues el significado particular de los números, es propio de cada persona y depende de su "historia familiar" y es un tema a ser tratado atendiendo a la psiquis del individuo, en la consulta.

Sin embargo, aunque existe una vibración numerológica que marca una tendencia más o menos fuerte según el caso, es el individuo con su libre albedrío el que elige el camino a seguir.

La función del numerólogo consiste en darle al consultante los elementos necesarios para que trabaje en sí mismo conociendo todas sus posibilidades, y gracias a este poder ver, para que logre vibrar en consonancia universal con lo mejor de sí. Esto es la parábola de los talentos: ¿Qué hago con los talentos que me fueron otorgados? ¿Cómo trabajo para hacerlos productivos? (San Mateo 25, 14 – 30, Nuevo Testamento).

- **¿Para qué sirve la Numerología?**

Sabiendo que la "Numerología" no es adivinatoria (aunque puede predecir), sino que constituye un instrumento orientador, su función es procurar que el consultante ponga los aspectos más positivos de su mapa vibracional al servicio de sus necesidades, circunstancias, medio en el cual se mueve, etc., para conseguir una armonía que conlleve al orden.

Si el interés de la investigación tiene su enfoque en el plano evolutivo espiritual, ésta se inclinará a esclarecer la forma de transitar los caminos para la consecución de las metas que ese ser único, encarnado en el plano físico, vino a alcanzar.

Si, en cambio, el interés se enfoca en el plano de las relaciones terrenas, la Numerología realiza un valioso aporte a la orientación en:

- Formación de sociedades

- Investigación del funcionamiento de sociedades y empresas ya formadas

- Selección de personal

- Asignación de puestos de trabajo en los que un individuo puede desempeñarse mejor dentro de una empresa.

- Prevención de accidentes de trabajo

- Colaboración interdisciplinaria, con los agentes dedi-

cados a la salud mental orientando hacia los mejores canales de entrada al individuo
- Prevención de cuadros de enfermedades
- Prevención de accidentes personales, etc.

En lo individual, la orientación se dirige a evaluar con el consultante, los factores a favor o en contra de sus principales vibraciones, elaborando un cuadro de situación que, a partir de este conocimiento le permita dar un vuelco positivo a su vida, si así lo decide.

Recordemos que todo individuo "vibra" respondiendo a los ciclos que definen su "lugar" en la vida; así, alguien todos los días, se levanta y hace su rutina diaria, siempre, si no atiende a "salir" de ese lugar que le legaron. El desarrollo de este libro apunta a identificar "ese" lugar.

• Etapas de un Estudio Numerológico

Un Estudio Numerológico Completo implica realizar estudios en distintos niveles de profundización, *"desde lo mas general a lo mas particular"*.

Por tal motivo, es posible realizar un Estudio Numerológico en distintas etapas o niveles, según sea la precisión que se desee.

Comenzaremos explicando la metodología para obtener los Números de Karma (NK); de Vibración Interna (VI); de Vibración Paterna (VP); de Personalidad (P); Potencial (NP) y de Planos de Existencia.

Es importante advertir que son números muy generales, ya que se obtienen de las fechas de nacimiento y de los nombres y apellidos, de modo que no cambian durante la vida de la persona, manteniéndose constantes. Indican las características y tendencias "intrínsecas" de cada persona, que no dependen del tiempo transcurrido o de la etapa de la vida en que la persona se encuentra.

También desarrollaremos el método para obtener los valores de los Números llamados Vibración Anual (VA) y Dígito de Edad (DE), que son muy particulares, pues involucran un momento específico en la vida del consultante, al tomar en cuenta para el cálculo, el año calendario o la edad.

- **Teorema del Muestreo**

Consideramos sumamente interesante, a efectos de fundamentar el proceso planteado con el cual se realiza un Estudio Numerológico Completo, referirnos a procesos similares utilizados en el campo de la Ciencia, a efectos de confirmar así, una vez más, que las leyes reguladoras del funcionamiento del Universo son las mismas sea cual fuere el ámbito que se considere.

Nos referiremos a una versión del Teorema del Muestreo, ampliamente vigente en la actualidad, debido a que sus postulados son de aplicación permanente en la tecnología digital de procesamiento y transmisión de la información.

El doctor en Física, Harry Nyquist, mientras trabajaba en los laboratorios de la compañía telefónica ATT, de los Estados Unidos de América, en 1924, encontró que es posible reconstruir cualquier señal de información analógica, si se toma suficiente cantidad de "muestras" de la señal original.

Ejemplo de señales de información analógica son nuestra voz, la música, la señal de una emisora de radio o una de televisión, la evolución del comportamiento de una especie determinada de animales, etc. Es decir, sería posible definir una "señal de información analógica", como aquella que muestra cómo evoluciona un determinado suceso, evento, cantidad, parámetro, etc. en relación al transcurso del tiempo (segundos, minutos, horas, días, años, etc.).

Para entender mejor lo que implica este tomar "muestras" o "muestreo" nos ayudaremos con una figura explicativa.

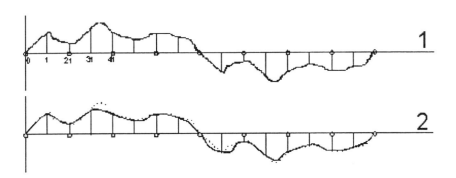

Supongamos que la curva o línea gruesa dibujada en los ejes "1" represente una señal de información analógica cualquiera.

Supongamos también que las líneas finas verticales representan los momentos en los que tomamos las "muestras", o sea, medimos la altura de la señal.

Si por algún método, una vez que la señal original desapareció, puedo conocer la altura de esas líneas verticales (que es lo que está registrado en un CD de audio, por ejemplo) podré reconstruir, muy aproximadamente, la señal de información analógica original (en el caso del CD de audio, puedo reconstruir la música grabada digitalmente en él). El resultado será más preciso cuanto más muestras tome. Podemos ver en los ejes "2" la señal reconstruida, en trazo grueso y la señal original en línea punteada así como las muestras respectivas.

De la misma forma, tomando las "muestras" que la Numerología provee mediante los distintos cálculos que aporta, es posible obtener una aproximación probabilística a los hechos, eventos, tendencias, etc. que caracterizan la información analógica que transitamos en el tiempo y que conocemos cotidianamente como "vida".

También aquí, cuanto mas muestras tomemos (es decir cuanto mas cerca esté una muestra de la otra) mas precisamente tendremos la oportunidad de conocer nuestra vida. Así los distintos "componentes" de un estudio numerológico completo son procedimientos para ir tomando muestras cada vez mas cercanas entre sí y lograr la mejor precisión posible acerca de lo pasado o de lo *por venir*.

En este punto es importante destacar que no es relevante el momento temporal en el cual se realice el estudio numerológico, ya que los elementos tomados para desarrollarlo son las fechas de nacimiento, nombres, etc., propias de cada individuo y que se mantienen inalterables en el transcurso del tiempo.

De ahí que es posible, hoy en día, hacer el estudio numerológico de la Madre Teresa de Calcuta para verificar, como ejercicio, la precisión del método en el reconocimiento de los puntos trascendentes de una vida ya transitada pero... y aquí aparece lo más interesante, también es factible aplicar el estudio numerológico a fin de identificar la probabilidad de ocurrencia de hechos trascendentes en los días por venir de una persona aún viva. En suma, ¡es posible predecir las probabilidades de ocurrencias!

Sumamente importante también, es recordar en todo momento que tenemos la capacidad de modificar la "señal probable", pues somos seres con "libre albedrío".

Capítulo 2
Metodología básica del estudio numerológico

En este capítulo nos referiremos a la metodología que se emplea para la obtención de los números significantes básicos que conllevan a la interpretación numerológica universal. La obtención de los significados particulares será desarrollada en capítulos posteriores, mediante los métodos mas difundidos como son los del "Tránsito de Letras" y la "Kabaláh".

Bajo ningún punto de vista puede considerarse lo tratado en este capítulo como un Estudio Numerológico Completo, ya que dicho Estudio, surgirá después de interpretar los resultados aportados por la metodología en el contexto, manifiesto y oculto, que caracteriza a cada persona, tal como se ejemplifica al final de este libro.

Es evidente, entonces, que la interpretación será tanto mejor y precisa cuanto más práctica y experiencia tenga quien realiza el Estudio Numerológico.

CONSIDERACIONES PREVIAS

Antes de comenzar el Estudio Numerológico de una persona, deberá tenerse en cuenta lo siguiente:

a) primero, fundamental y aconsejable: la presencia física de la persona consultante frente a quien realizará el Estudio Numerológico;

b) el nombre y apellido completos del consultante tal como figura en su documento de identidad, profesión y/o actividad laboral, estado civil y cantidad de hijos;

c) la fecha de nacimiento:
En el caso de los niños adoptados, se realizarán dos estudios numerológicos. Uno con el nombre completo y la fecha de nacimiento original y otro con los nuevos datos de filiación, considerando como fecha de nacimiento aquella en que fue otorgado a los padres adoptivos. Esto es a efectos de comparar los dos estudios y apreciar las características generales del destino de la vida que le espera según la fecha que se considere, analizar la mejor vibración y optar libremente por una, tomándola como fecha definitiva e indiscutible.
En el caso de las personas nacidas en una fecha y anotadas en otra, también se realizarán dos estudios numerológicos, con el propósito de analizar la mejor vibración y optar libremente por una, tomándola como fecha definitiva e indiscutible.

d) Todas las operaciones que se indicará efectuar con los

números, deberán ser respetadas. No es posible hacer simplificaciones, agrupación o distribución de cifras sin tener en cuenta la metodología, ya que para la interpretación Numerológica posterior, no es lo mismo llegar a un resultado "22" desde un 20 + 2 que desde un 11 + 11;

e) como regla básica, se comenzará efectuando las reducciones necesarias (sumando las cifras entre sí) para llevar cualquier resultado a valores comprendidos entre 0 y 9, pero prestando especial atención a la aparición de Números Maestros (ver tabla correspondiente) como el 11, 22, 33, etc.. Verificar siempre, cuando el resultado de la reducción básica es un 2 (puede venir de un 11), un 4 (de un 22), un 6 (de un 33), un 8 (de un 44), un 1 (de un 55) o un 3 (de un 66). De no aparecer un Número Maestro aplicando la regla básica, será necesario intentar distintas formas de agrupar o tomar los números, a efectos de asegurarnos cuál es la ascendencia del número final obtenido. De encontrarse un Número Maestro, cuanto más directa sea la ascendencia, más fuerte será la incidencia en las consideraciones a efectuar en el Estudio Numerológico;

f) la forma de indicar un resultado y los valores "desde los que viene" ese resultado, es ésta:

$$6 + 7 = \underline{13} = 1 + 3 = \mathbf{\underline{4}}$$

que en forma abreviada se expresará:

13 / 4

donde claramente se pone de manifiesto que dicho resultado "4", viene de la suma de un "1" y un "3".

> **ADVERTENCIA**
>
> Es importantísimo, dentro de estas consideraciones previas, alertar de lo siguiente a quien va a sumergirse en el desarrollo del Estudio Numerológico de otra persona:
>
> a) Proteger su campo energético, ya que se pondrá en contacto, en forma directa e inmediata, con el caudal energético y la frecuencia vibracional del consultante. Por lo tanto, es importante y necesario que el numerólogo proteja su campo energético, para lo cual sugerimos que proceda como se indica a continuación: "Imagine que usted se encuentra dentro de una esfera de luz blanca, tan potente que no puede ser invadida por otras energías y que constantemente palpita emitiendo dicha luz".
>
> b) Evitar, por todos los medios, involucrarse emocionalmente con lo que pueda acontecer en la vida del individuo que es objeto del Estudio
>
> c) Transmitir la lectura que se realiza de lo que el Estudio Numerológico va poniendo en descubierto de la vida del consultante, **siempre como una probabilidad y no como un hecho irreversible**.

TABLA DE CORRESPONDENCIAS

La correspondencia entre letras y números, a la que se recurrirá para efectuar los Estudios Numerológicos, está expresada en la siguiente tabla:

TABLA 1
CORRESPONDENCIA ENTRE LETRAS Y NÚMEROS

1	2	3	4	5	6	7	8	9
A	B	C	D	E	F	G	H	I
J	K	L	M	N	O	P	Q	R
S	T	U	V	W	X	Y	Z	

Como se observa, a cada letra le corresponde un valor secuenciado del 1 al 9. Es interesante destacar que la presente tabla es una adecuación a nuestro alfabeto, de la tabla que utilizaban antiguamente los griegos.

Para el caso de las letras faltantes, se computa:

la "CH" como "C" y como "H"
la "Ll" como dos "L" individuales
la "Ñ" como "N"

Ejemplo:

C H A B U C A
3 8 1 2 3 3 1

OBTENCIÓN DE LOS NÚMEROS CARACTERÍSTICOS

Entramos ahora en la aplicación de la metodología que nos permitirá obtener los números característicos en un Estudio Numerológico, así como sus significados. Luego, en los capítulos posteriores, mostraremos la forma en que usando las metodologías aquí descriptas, se efectúan los cálculos e interpretaciones correspondientes a un Estudio Numerológico.

Número de Karma o Misión Kármica (NK)

Es el número que nos indica aquello que venimos a aprender en este tránsito por la Tierra.

El Karma no simboliza un castigo ni un peso ni una carga, sino un aprendizaje que deberá realizarse desde una postura de disponibilidad, atención y alegría.

El Número de Karma se obtiene de la suma total del día, mes y año de nacimiento del consultante, por ser éste el momento de "aparición" en el plano físico.

Ejemplo:

Sea la fecha de nacimiento del consultante: 14 de setiembre de 1946.

El procedimiento básico es el siguiente:

a) Se reduce a un dígito cada una de las cifras que sean mayores a 9, sumando los dígitos entre sí:

día $\underline{14} = 1 + 4 = \underline{5}$

mes (setiembre) $9 = \underline{9}$

año $1946 = 1 + 9 + 4 + 6 = \underline{20} = 2 + 0 = \underline{2}$

b) Se suman los resultados de las reducciones, con lo que se obtiene el número que va a indicar la "misión kármica" o "Número de Karma":

$$5 + 9 + 2 = \underline{16} = 1 + 6 = \underline{7} \rightarrow \underline{16/7}$$

c) Se busca el significado del número 7 (en este caso), en el capítulo correspondiente al significado de los números de Karma.

TABLA 2	
NÚMEROS DE KARMA Y SUS SIGNIFICADOS	
N°	**Significado**
1	Identifica a su portador como alguien que deja actuar su fuerza y su audacia, guiados por su inteligencia, para el logro de un punto de partida hacia nuevos caminos y nuevos comienzos. El "1" es el que abre la puerta para salir hacia concreciones, tanto materiales como espirituales. Debe mirar hacia adelante, sabiendo que, si bien él inicia y crea, tendrá que ayudar a otros y pedir su colaboración para no quedarse solo. En su aspecto negativo, el "1" puede llegar al egocentrismo y al egoísmo. Pueden llegar a ser primero en todo, aun a costa de sacrificar sus sentimientos, su felicidad y hasta sus seres queridos. Desde la experiencia, observamos que la mayoría de las personas que tienen como Número de Karma el "1", tienden a negar la responsabilidad de ocupar el primer lugar.

	Si el "1" viene de un número "55", ver tabla de Números Maestros.
2	Viene a aprender la comprensión y la cooperación; a convivir utilizando sus naturales dotes diplomáticas; a ser eficaz y prudente; a utilizar en beneficio propio sus capacidades perceptivas e intuitivas; a resolver sus altibajos emocionales y encauzar su sensibilidad externa; a orientar su vida en pos de objetivos claros, venciendo la tendencia a la dualidad (quiero - no quiero; voy - no voy). Es importante que preste atención a su capacidad innata para adentrarse en el "Camino de lo Oculto y lo Esotérico". Si el "2" proviene de un "11", ver la tabla de Números Maestros.
3	Viene a aprender la autoexpresión, manejándose con optimismo y ejerciendo su capacidad comunicativa. Es bueno que descubra su talento creativo. Como hablamos de comunicación, poseerá aptitudes para aprender distintos idiomas. Tendencia a los estudios, por una necesidad de investigar, de saber y de participar en todo. Es un automotivado; todo le gusta, todo le interesa. Por esta razón, es recomendable que se maneje correctamente y evite la inconstancia y la inestabilidad que, de lo contrario, le acarrearían cambios en el humor y pérdida de energía. Para que un Karma "3" no se agote corriendo detrás de sueños y quimeras, es importante que establezca objetivos cortos, que puedan ser alcanzables en breve tiempo y que sucesivamente los vaya reemplazando por otros nuevos. Un objetivo fundamental para el Karma "3", tiene que ver con el logro de su continuidad a través de los hijos y/o discípulos.
4	Este Número de Karma marca el trabajo remunerado y concreto durante toda su vida. Necesita ver concretados en lo material todos sus proyectos, así como la organización de una forma de vida ordenada y disciplinada.

	El Karma "4" analiza, planifica, equilibra. Será bueno cuidar que la estructura sobre la cual se sostiene, tenga bases sólidas y la suficiente flexibilidad para enriquecerla, aceptando los cambios y evitando las posturas obcecadas, cerradas, que únicamente llevan a la parálisis. Si el "4" viene de un "13", ver la tabla de "Números Kármicos" y la tabla de "Significado Oculto de los Números".
5	Viene a aprender a adecuarse rápidamente a los cambios e imprevistos, manteniendo el equilibrio interno. Necesita la libertad, manifestar sus emociones. Muy talentoso, con marcada inclinación hacia lo artístico y creativo. Posee gran magnetismo personal, lo que le da una aureola de atracción y seducción. Necesita desarrollar creativamente su sexualidad. No sólo se adapta a los cambios, también precisa generarlos. Por lo expresado anteriormente, el riesgo reside en caer en los excesos de toda clase. Colocarse en posturas críticas, dispersando su talento y no pudiendo frenar su impulsividad. El Karma "5" deberá elegir muy bien su pareja, puesto que su necesidad imperiosa de libertad no le permitirá una convivencia convencional. Por lo común dentro del Karma "5" encontramos seres que han llevado a cabo verdaderas revoluciones conceptuales en el mundo del arte, de la política, la medicina etc. Si el número "5" proviene de un "14", marcará la necesidad de subvertir el orden establecido, para crear otro orden. Ver también, la tabla de "Números Kármicos" y la tabla del "Significado Oculto de los Números".
6	Este Karma busca la concreción en el hogar, por un lado, y del servicio a los demás, por otro lado. Anhela en todos los casos que reine la armonía, considerando que ésta se encuentra en la conjunción de las verdades ontológicas (Lo Verdadero, Lo Bueno; Lo Bello). Tiene para dar mucho amor y una gran capacidad de entrega. Es terco y obstinado y con cierta tendencia hipocondríaca.

	Lo que marcamos como aspecto negativo es que por su terquedad necesite que todos actúen como él desea y que todo se desarrolle según ese mismo deseo; de lo contrario, él mismo destruye la armonía que precisa con actitudes desagradables y autoritarias. Si el "6" proviene de un "33", ver la tabla de "Números Maestros".
7	Viene a desarrollar su mente a través de la investigación en las áreas filosófica, religiosa y matemática, como así también a dejar fluir su intuición y percepción; a demostrar sus sentimientos; a buscar respuestas; a lograr la introspección fructífera; a meditar antes de actuar. El número "7" denota un ciclo considerado de gran suerte, pero de corta duración, ya que así como llegó a la cumbre sin darse cuenta, de la misma manera hará un retorno al punto cero. Por lo tanto, tendrá especial atención en cuidar lo que logró. Si el "7" se origina de un "25", habla de trabajar con atención y cuidado su sexualidad, puesto que encontramos mujeres manejándose con excesiva energía masculina y hombres manejándose con excesiva energía femenina, y llevado esto a casos extremos, hablaríamos de tendencias homosexuales. Si el "7" procede de un "16", significa que la persona viene a revertir su orgullo, su terquedad y el uso del poder indiscriminado que tuvo en otra vida. Se levantará y caerá tantas veces como sean necesarias, hasta que comprenda que solamente desde la humildad, la colaboración y el corazón abierto podrá nivelarse. Será conveniente orientarse hacia los estudios matemáticos, filosóficos, teológicos, astronómicos, físicos, químicos o históricos, desentrañando en la investigación el valor del equilibrio que debe existir entre lo material y lo espiritual. Es importante cuidarse de los estados depresivos y transformarlos en estados reflexivos, como así también, estar atento a los impulsos destructivos, puesto que la tendencia es la de

	aniquilar todo aquello que le hace bien, ya que prefiere destruirse antes que verse sin poder.
8	Es el número que señala el equilibrio entre el mundo material y el mundo espiritual. Indica una gran fuerza psíquica y espiritual y que existe la posibilidad de llamados a emprendimientos importantes a los que podrán encararse con notable fuerza y capacidad. Con este número encontramos tanto grandes empresarios que mueven fortunas como seres volcados de lleno a la investigación ocultista esotérica, todo lo que tenga que ver con el mundo de lo que no se ve, pero que existe e interactúa. En ambos casos es incompleto el camino de su destino, puesto que los dos han olvidado la otra mitad. Debido a su gran fuerza, quien soporta un Karma 8 tendrá que aprender a canalizarla en pos de sus objetivos; de lo contrario, será víctima de un temperamento agresivo y destructor. Dentro de este Número de Karma encontramos cirujanos, militares, profesores de Educación Física.
9	Este Número de Karma tiene una fuerza especial. En su relación más alta define al líder espiritual. Por lo común, posee capacidad extrasensorial. Indica la posibilidad de transitar por pruebas, pérdidas, sacrificios, dolores y renuncias; aclaremos que no es a modo de castigo, sino a modo de preparación y fortalecimiento para ayudar a crecer. Si esta situación se vive como un castigo y lo domina la angustia, tendrá que atravesar toda una vida de pruebas, pero si por el contrario, el resultado de su aprendizaje lo lleva a un crecimiento con sabiduría, el Karma 9 le devolverá como premio, altos contactos y reconocimiento en el medio en que se mueve. Se debe tener presente que también hay quienes teniendo un Karma 9 optan por el liderazgo espiritual de la Sombra, entregándose a todos los vicios y a toda clase de conductas anormales. Se podrán destacar en este Número de Karma aquellos que se vuelquen a los estudios de medicina, derecho y del sacerdocio.

Busquemos ahora la existencia de algún Número Maestro, agrupando y reduciendo de distintas formas:

a) Sumemos todos las cifras antes de reducir, cosa que haremos al final:

$$14 + 9 + 1946 = \underline{1969} = \underline{25} = \mathbf{7} \rightarrow \mathbf{25/7}$$

No aparece algún Número Maestro.

b1) Tomemos los términos que son mayores a 9 sin reducir y sumémoslos a los otros reducidos, uno por vez. En este caso, trabajamos con el día:

    día   **14**

    mes (setiembre) 9 = **9**

    año $1946 = 1 + 9 + 4 + 6 = \underline{20} = 2 + 0 = \mathbf{\underline{2}}$

$$14 + 9 + 2 = 25 = \mathbf{7} \rightarrow \mathbf{25/7}$$

No aparece algún Número Maestro.

b2) Tomemos los términos que son mayores a 9, sin reducir, y sumémoslos a los otros reducidos, uno por vez. En este caso, trabajamos con el año:

    día $\underline{14} = 1 + 4 = \mathbf{\underline{5}}$

    mes (setiembre) 9 = **9**

    año   1946 = 2

$$5 + 9 + 2 = 16 = \mathbf{7} \rightarrow \text{o sea } \mathbf{16/7}$$

No aparece algún Número Maestro.

Veamos otro ejemplo para clarificar la aplicación del procedimiento.

Ejemplo:

Sea la fecha de nacimiento del consultante: 1 de octubre de 1948.

El procedimiento básico es el siguiente:

a) Se reduce a un dígito cada una de las cifras que sean mayores a 9, sumando los dígitos entre sí:

>
> día **1**
>
> mes (octubre) 10 = 1+0 = **1** → **10/1**
>
> año 1948 = 1 + 9 + 4 + 8 = <u>22</u> = 2 + 2 = **4**

Se nota que aparece un Número Maestro "22", en la reducción del año.

b) Se suman los resultados de las reducciones, con lo que se obtiene el número que va a indicar la "misión kármica" o "Número de Karma":

>
> 1 + 1 + 4 = **6**

El resultado de la reducción es 6 por lo que, recordando lo indicado en las "Consideraciones Previas", debemos poner especial atención en la búsqueda del Número Maestro.

c) Se busca el significado del número 6 (en este caso), en el capítulo correspondiente al significado de los números de Karma.

Busquemos ahora la existencia de algún Número Maestro, agrupando y reduciendo de distintas formas:

a) Sumemos todos las cifras antes de reducir, cosa que haremos al final:

1 + 10 + 1948 = 1959 = 24 = **6** → **24/6**

No aparece algún Número Maestro.

b1) Tomemos los términos que son mayores a 9, sin reducir, y sumémoslos a los otros reducidos, uno por vez. En este caso trabajamos con el mes:

    día **1**
    mes (octubre) 10 = **10**
    año 1948 = 1 + 9 + 4 + 8 = 22 = 2 + 2 = 4

1 + 10 + 4 = 15 = 6 → **15/6**

No aparece algún Número Maestro.

b2) Tomemos los términos que son mayores a 9, sin reducir, y sumémoslos a los otros reducidos, uno por vez. En este caso trabajamos con el año:

    día **1**
    mes (octubre) 10 = 1 + 0 = **1**
    año 1948

1 + 1 + 1948 = 1950 = 15 = **6** → **15/6**

No aparece algún Número Maestro.

c) Tomemos los términos que no contengan Números Maestros

sin reducir y los que contengan Números Maestros reducidos solamente hasta ese nivel.

> día **1**
> mes (octubre) 10 = **10**
> año 1948 = 1 + 9 + 4 + 8 = **22**

Sumemos los resultados como hicimos hasta ahora.

$$1 + 10 + 22 = \underline{33} = \mathbf{6} \rightarrow \mathbf{33/6}$$

Descubrimos el Número Maestro (33) que modificará, según lo que indica la tabla correspondiente, la incidencia que el Número de Karma (6) tendrá sobre la vida del consultante.

Vibración Interna (VI)

Va a marcar aquello que sentimos pero que no decimos, lo que llevamos guardado dentro de nosotros; el rostro oculto de la Luna.

La Vibración Interna se obtiene sumando los valores totales obtenidos a partir de los nombres (según indicación anteriormente efectuada) de la persona, teniendo en cuenta que los mismos condicionan.

Ejemplo:

Sea en este caso nuestro consultante: JUAN CARLOS.

El procedimiento es el siguiente:

a) Recurriendo a la tabla correspondiente, se anotan las equivalencias entre letras y números:

```
J   U   A   N       C   A   R   L   O   S
1   3   1   5       3   1   9   3   6   1
```

b) Se reducen a un dígito todas las cifras mayores a 9, como vimos antes.

JUAN $1 + 3 + 1 + 5 = \underline{10} = 1 + 0 = \mathbf{\underline{1}}$

CARLOS $3 + 1 + 9 + 3 + 6 + 1 = \underline{23} = 2 + 3 = \mathbf{\underline{5}}$

c) Se suman los valores así obtenidos, con lo que se consigue el de la Vibración Interna:

$$1 + 5 = 6 \rightarrow 33/6$$

d) Se busca entonces el significado del número 6, en el capítulo "El Significado de los Números Simples".

Basándonos en el significado positivo que respecto de los números indica el capítulo referido, encontramos que a la persona de este ejemplo, el número 6 le habla de una necesidad interna permanente de armonía y paz. Busca las verdades ontológicas (Lo Verdadero, Lo Bello, Lo Bueno) se pone al servicio del otro, con amor y entrega.

En su aspecto negativo, el 6 habla de que si el entorno de la persona consultante no funciona dentro del parámetro armónico que él internamente se ha propuesto, gira en su postura y se convierte en el destructor de lo que anhela, usando como soporte su terrible terquedad.

El consultante puede entonces observar por cuál de las vertientes del número identifica su vida o una etapa de su existencia y, al identificarla, contará con los primeros instrumentos para actuar en consecuencia y dirigir su vida hacia donde él desee.

Vibración Paterna (VP)

Es lo que heredamos por línea paterna como legado familiar.

La Vibración Paterna se obtiene sumando los valores totales obtenidos a partir del apellido (o de los apellidos) de la persona (según figuren en su documento de identidad).

Ejemplo:

Se trata ahora del Sr. CASTILLO.

El procedimiento es el siguiente:

a) Se busca la equivalencia entre letras y números, tal como se indicó anteriormente:

```
C A S T I L L O
3 1 1 2 9 3 3 6
```

b) Se reduce la cifra a un solo dígito, como ya hemos hecho, con lo que obtenemos el valor de la Vibración Paterna:

$3 + 1 + 1 + 2 + 9 + 3 + 3 + 6 = 28 = 2 + 8 = \underline{10} = 1 + 0 = \mathbf{\underline{1}} \rightarrow \mathbf{10/1}$

Recurriendo al capítulo "El Significado de los Números Simples", encontramos que en la vertiente positiva la energía del número "1" conducida por mandato familiar lo va a ayudar a buscar aperturas, inicios y logros, haciéndose responsable de su rol de cabeza y guía.

En la vertiente negativa le sugiere que se cuide de imaginar que todo puede hacerlo solo. La persona no deberá dejarse llevar por la tendencia íntima a la soledad. La persona con VP "1" abre puertas, pero también los demás pueden tener acceso a esa apertura.

En otras palabras: una persona con VP "1" debe recordar que, a la cabeza, la sostiene un cuerpo.

Personalidad (P)

Indica la interacción entre lo que la persona muestra y el Otro recibe.

El "Número de la Personalidad" se obtiene sumando la Vibración Interna (VI) y la Vibración Paterna (VP).

Ejemplo:

Sea la consultante: Lucía Fernanda Ruiz

El procedimiento es el siguiente:

a) Se busca la equivalencia entre letras y números, tal como se indicó anteriormente:

```
L U C Í A     F E R N A N D A     R U I Z
3 3 3 9 1     6 5 9 5 1 5 4 1     9 3 9 8
```

b) Se reducen las cifras a un solo dígito, tal como hicimos anteriormente:

LUCÍA	3 + 3 + 3 + 9 + 1 = 19 = 1 + 9 = 10 = 1 + 0 = **1**
FERNANDA	6 + 5 + 9 + 5 + 1 + 5 + 4 + 1 = 36 = 3 + 6 = **9**
RUIZ	9 + 3 + 9 + 8 = 29 = **11** = 1 + 1 = **2**

c) Obtenemos el VI y el VP:

$$VI = 1 + 9 = 10 = 1$$
$$VP = 2$$

d) El número que identifica la Personalidad (P) para esta persona es:

$$P = VI + VP = 1 + 2 = \mathbf{3}$$

Nuevamente recurriendo a la tabla "El Significado de los Números Simples", encontramos que el número "3" define, en su aspecto positivo, a una personalidad comunicativa, simpática y abierta. Es capaz de hacer hablar hasta a las piedras. Seduce en reuniones sociales. Puede ser un excelente maestro o profesor, locutor, actor, músico, escritor, periodista.

En su aspecto negativo, es un automotivado; todo le interesa y en todo quiere participar. Suele desperdiciar mucha energía imaginando diálogos y situaciones que luego no concreta. Pierde tiempo y se dispersa.

Número Potencial (NP)

Es el número que indica el promedio de la configuración del Mapa Numerológico.

Es decir: luego de tantos números que surgen del Estudio Numerológico, el NP da una idea del estado general promedio del consultante.

El Número Potencial se obtiene sumando la Personalidad (P) y el Número de Karma (NK).

Ejemplo:

Sea nuevamente Lucía Fernanda Ruiz y supongamos que la fecha de nacimiento es el 27 de noviembre de 1968

a) Se busca la equivalencia entre letras y números, tal como se indicó anteriormente:

```
L U C Í A      F E R N A N D A      R U I Z
3 3 3 9 1      6 5 9 5 1 5 4 1      9 3 9 8
```

b) Se reducen las cifras a un solo dígito, del mismo modo en que lo hicimos anteriormente:

LUCÍA $\quad 3 + 3 + 3 + 9 + 1 = 19 = 1 + 9 = \underline{10} = 1 + 0 = \mathbf{\underline{1}}$

FERNANDA $\quad 6 + 5 + 9 + 5 + 1 + 5 + 4 + 1 = \underline{36} = 3 + 6 = \mathbf{\underline{9}}$

RUIZ $\quad 9 + 3 + 9 + 8 = 29 = \mathbf{\underline{11}} = 1 + 1 = \mathbf{\underline{2}}$

c) Obtenemos la VI y la VP:

$$VI = 1 + 9 = \underline{10} = 1$$
$$VP = 2$$

d) Obtenemos el número que identifica la Personalidad (P):

$$P = VI + VP = 1 + 2 = \mathbf{3}$$

e) Obtenemos el NK, como antes hemos explicado:

Tomamos la fecha de nacimiento y la reducimos:

27 / 11 / 1968

día $\underline{27} = 2 + 7 = \mathbf{9}$

mes $\mathbf{11} = 1 + 1 = \underline{2}$

año $1968 = 1 + 9 + 6 + 8 = \underline{24} = 2 + 4 = \mathbf{6}$

Sumamos los valores obtenidos y reducimos nuevamente, si es necesario:

$$9 + 2 + 6 = \underline{17} = 1 + 7 = \mathbf{8}$$

f) Obtenemos el Número Potencial (NP):

$$NP = P + NK = 3 + 8 = \mathbf{11} = 1 + 1 = \mathbf{2} \rightarrow \mathbf{11/2}$$

La vibración "2" habla de la "energía lunar femenina". Es el número del que acompaña; del que está "al lado de". En una empresa, si bien la figura relevante es el presidente, la persona que sostiene a esa figura es el secretario o secretaria, el que "está al lado".

Se habla de "energía lunar femenina" tanto para hombres como para mujeres, puesto que tiene que ver con la forma de manifestación en el medio, a través del buen modo, el comentario oportuno, el análisis de la situación.

En el número "2" aparecen los diplomáticos y diplomáticas, los secretarios y secretarias, los vicedirectores y vicedirectoras, los enfermeros y enfermeras, etc.

En su aspecto negativo, el número "2" lleva a un comportamiento dual (quiero... no quiero; me pongo... no me pongo; voy... no voy), que hace que sus objetivos se diluyan y se alejen, viendo cada vez más pequeña la posibilidad de concreción.

Lecciones Kármicas

Además del "Karma", que es la "Lección Principal", las personas venimos a este plano a aprender otras lecciones que se llaman: "lecciones Kármicas". Tienen que ver con situaciones puntuales no resueltas en vidas anteriores y se nos da la oportunidad de resolverlas aquí y ahora.

Para encontrar cuáles son las Lecciones Kármicas que venimos a aprender, utilizaremos la siguiente tabla de correspondencia entre números y lecciones:

TABLA 3	
CORRESPONDENCIA ENTRE NÚMEROS Y LECCIONES KÁRMICAS	
N°	Relacionado con
1	el "Yo" y el poder terreno
2	la pareja
3	los hijos o discípulos
4	el trabajo
5	el talento (o todo o nada). Adaptación a los cambios. Excesos
6	el hogar, el claustro, el servicio
7	los estudios místicos
8	los estudios esotéricos
9	la alta espiritualidad

Para encontrar las Lecciones Kármicas que el consultante vino a aprender a nuestro planeta, se considera su nombre completo y, luego de reducir dichos nombres a números, se cuentan cuántos números "1" hay en el nombre completo; cuantos números "2" hay en el nombre completo; cuantos números "3" hay en el nombre completo, y así sucesivamente hasta llegar al número 9 inclusive.

La cantidad que se obtiene de números de cada clase, es el valor de la Lección Kármica correspondiente, o sea, la forma en que fue aprendida en la vida anterior. La siguiente tabla muestra los valores de las Lecciones Kármicas y los significados respectivos.

TABLA 4	
CORRESPONDENCIA ENTRE EL VALOR DE LA LECCIÓN KÁRMICA Y EL APRENDIZAJE	
Valores	Significado
0	no fue aprendida
1 ó 2	no ha sido aprendida a conciencia
3	pudo existir un mayor compromiso
4	fue concretada
5	fue concretada con talento; con tendencia a los excesos
6	fue concretada y se la llevó al servicio
7	aprendida desde el alma
8	aprendida desde lo oculto, involucrando lo material y lo espiritual
9	aprendida desde las más altas vibraciones. En lenguaje común: una Lección aprendida por mandato divino.

Ejemplo:

Sea el consultante Pablo Antonio González.

El procedimiento es el siguiente:

a) Se busca la equivalencia entre letras y números, tal como se indicó precedentemente:

```
P A B L O    A N T O N I O    G O N Z Á L E Z
7 1 2 3 6    1 5 2 6 5 9 6    7 6 5 8 1 3 5 8
```

b) Se cuentan los "1"; "2", etc. que hay en el nombre completo:

N°	Cantidad
1	3
2	2
3	2
4	0
5	4
6	4
7	2
8	2
9	1

Vemos que en el nombre completo de la persona hay 3 números "1". Teniendo en cuenta las tablas anteriores, observamos que dicha persona ha tenido un lugar intermedio de poder y que desperdició en gran medida la oportunidad de aprender esa Lección.

En el nombre completo de la persona hay 2 números "2", lo que revela que dicha persona no ha podido llevar adelante la tarea de saber convivir en pareja, independientemente de haber estado casada o no.

En el nombre completo de la persona hay 2 números "3", lo que indica que esta persona, aunque hubiese tenido hijos o discípulos, no aprendió a ser buen padre o maestro.

En el nombre completo no hay número 4, por lo tanto, no aprendió, en absoluto, la Lección referente a lo que significa el trabajo que nos provee el sustento diario.

En el nombre completo de la persona 4 números "5", es decir, dicha persona, al no haber trabajado, al no haber sabido llevar adelante una pareja y no haber desempeñado un rol ni de padre ni de guía, se dedicó a una vida de excesos para satisfacer sus necesidades constantes de cambio.

En el nombre completo de la persona hay 4 números "6", lo que indica que dicha persona, —por lo antes expuesto— trataba de aparecer ante los ojos de los demás como un hombre que había formado un hogar, con lo cual cubría su imagen ante el mundo.

En el nombre completo de la persona hay 2 números "7", lo que pone de manifiesto que dicha persona incursionó débilmente, casi por curiosidad, en los conocimientos místicos.

En este que estamos analizando nombre completo hay 2 números "8", lo que revela que la persona estuvo involucrada en la investigación esotérica. Cabe aclarar que el "8" es un número fuertemente esotérico, por lo tanto, aunque haya un solo número "8" en el nombre completo de la persona, es suficiente señal en cuanto a que hubo compromiso real con lo oculto.

En el nombre completo de la persona hay 1 número "9"; en consecuencia, la persona no ha desarrollado su alta espiritualidad.

Los Planos de Existencia

De la "Lecciones Kármicas" se desprenden los "Planos de Existencia".

Podemos distinguir cuatro Planos de Existencia: el Mental, el Físico, el Emocional y el Espiritual, que describiremos a continuación:

Plano Mental (PM):

Es el Plano donde se considera todo lo referente a la capacidad de adaptación de la persona al mundo; al aquí y al ahora en la realidad que le toca vivir. Se refiere a la rapidez con que la persona cuenta para resolver situaciones problemáticas y el talento para ver las situaciones en su totalidad. El Plano Mental no tiene que ver con las aptitudes para el estudio ya que en todos los Planos podemos encontrar personas que han obtenido títulos universitarios. Lo que sí analizamos desde este Plano, es la capacidad de apertura frente a la vida y a las circunstancias.

Plano Físico (PF):

Es el Plano donde se considera todo lo referente a la forma en que se vehiculizan las acciones a través de la estructura física, del cuerpo humano. Involucra los comportamientos, las somatizaciones, las relaciones corporales, las enfermedades, etc.

Plano Emocional (PEm):

Es el Plano donde se considera todo lo referente a la forma en que se canalizan las emociones del individuo.

Plano Espiritual (PE):

Es el Plano donde se considera todo lo referente a la forma en que se manifiesta el estado evolutivo de la vida espiritual de una persona.

Retomando la metodología que nos permitirá realizar el Estudio Numerológico, la forma de obtener las características particulares de los Planos de Existencia mencionados para el consultante en cuestión es la siguiente:

PM: Se obtiene sumando la cantidad de números 1 y 8 del nombre completo (el Yo y lo Oculto).

PF: Se obtiene sumando la cantidad de números 4 y 5 del nombre completo (lo concreto y los cambios).

PEm: Se obtiene sumando la cantidad de números 2, 3 y 6 del nombre completo (la pareja, los hijos y el hogar).

PE: Se obtiene sumando la cantidad de números 7 y 9 del nombre completo (lo místico y la alta espiritualidad).

Del ejemplo que estamos considerando tenemos:

$$PM: 5$$
$$PF: 4$$
$$PEm: 8$$
$$PE: 3$$

Los significados para cada uno de los valores de los Planos se obtienen de las siguientes tablas:

TABLA 5	
CORRESPONDENCIA ENTRE PM Y SUS SIGNIFICADOS	
PM	Significado
0	Seres muy cerrados. No salen de su estructura. Incapacidad para desarrollar su creatividad. Se desesperan ante los cambios porque no tienen aptitud para adaptarse rápidamente a lo que le indican las circunstancias. Se muestran cerrados y necios; esto no es más que una defensa elaborada a partir de sus propias carencias.
1	Todo lo que ocurra en el mundo que lo rodea, lo ve en función de sí mismo y lo analiza según su propia conveniencia. Está gobernado por el ego. Con una persona así, es difícil intercambiar opiniones.
2	La tendencia es la dualidad y, desde la dualidad, se conecta con la ambigüedad. Para ejemplificarlo podríamos decir: "quiero... no quiero, voy... no voy, me gusta...no me gusta, me pongo esto o me pongo aquello".
3	Este plano necesita abrirse a la comunicación, relacionarse con los demás, desarrollar la creatividad. Es un automotivado: todo le gusta, en todo quiere estar, todo le interesa. Debe cuidarse de fantasear con enormes proyectos, puesto que se verá imposibilitado de concretar pequeños objetivos. Esto ocurre porque su excesivo interés, lo lleva a dispersar enormes cantidades de energía, por lo tanto sus anhelos suelen desvanecerse en el camino.
4	El estructurado. Todo en su mente está acomodado, limpito y organizado. Si bien esto es importante, habría que evitar que lleguen a ser demasiado ortodoxos e insoportablemente tercos.
5	A partir de este número hablaremos de PM altos, siendo éste

	el que guarda un mayor equilibrio y la posibilidad de conexión entre los planos bajos y los planos altos. Tiene capacidad mediúmnica, la que le permite comunicarse con las ideas generatrices, organizarlas y concretarlas. Este Plano Mental siente que es muy difícil comunicarse con personas que vibran en Planos Mentales más bajos, pero lo logra a través de lo antes expuesto, lo cual le brinda la capacidad de adaptarse rápidamente al cambio. Por lo tanto consigue, creativamente, comprender y hacerse comprender, relacionarse, comunicarse sin perder su capacidad.
6	No tiene capacidad mediúmnica (hacemos notar que los PM 6, 7, 8 y 9 viven momentos de angustia muy intensos, puesto que hay una capacidad superior, pero no pueden elaborar rápidamente la forma de adaptarse al mundo y a la sociedad en la que les ha tocado vivir. Es prudente sugerirles una terapia psicológica o psicoanalítica que los ayude para una inserción menos dolorosa en la sociedad) El PM 6 busca servir amorosamente al otro. Necesita de una total armonía a su alrededor, aunque para lograrla se ponga terco y obsesivo. Si no logra ese estado en su vida, es él mismo quien va a destruir la paz de los demás y la suya propia.
7	Importante tendencia a la depresión. Canaliza a través del estudio y la investigación. La tendencia la marcan las matemáticas, la física, la filosofía, los estudios místicos. Hay que obligarlo a entrar en la vida, puesto que el número 7 prefiere ponerse en el lugar del que no vive, pero observa la vida de otros a través del ojo de una cerradura.
8	Enorme capacidad de energía mental. En este Plano abundan los grandes videntes y perceptivos, así como también seres perversos y altamente agresivos.
9	Si llegan a comprender en qué lugar de la evolución están situados y aceptan con agrado esta circunstancia, pueden mostrar al mundo toda su genialidad. En los PM 8 y 9 solemos encontrar psicóticos, adictos y esquizofrénicos.

TABLA 6
CORRESPONDENCIA ENTRE PF Y SUS SIGNIFICADOS

PF	Significado
0	Tendencia a la autodestrucción. Éste es un valor para el PF que indica que se requiere prestar mucha atención a la faz inmunológica.
1	Todo lo que va ocurriendo a su alrededor repercute en su físico, tanto lo bueno como lo malo. Somatiza constantemente.
2	Tendencia a la infidelidad. Disgusto permanente con su propia estructura corporal. Hipocondríaco.
3	Dispersa gran cantidad de energía. Se siente permanentemente cansado a raíz de este desgaste excesivo, lo cual puede repercutir seriamente en su salud.
4	Por lo general es un Plano fuerte y sano. Sería conveniente que pudiera mostrar más su cuerpo, puesto que la tendencia es la de taparlo, ocultarlo.
5	Le gusta mostrarse. Le gusta exhibirse; comete excesos en todos los aspectos (comida, bebida, sexo, ira, etc.). Es conveniente aclarar que, cuando se habla de excesos, nos referimos tanto a "comer todo" como a no "comer absolutamente nada", puesto que los dos extremos son perjudiciales.
6	Los más hipocondríacos. Tienden a enfermarse, existiendo cierta connotación depresiva que vuelcan en el físico.
7	Es el gran depresivo con las consecuencias que esto puede traer a un PF. Tanto en el PF 6 como en el 7, encontramos un alto porcentaje de enfermos cardíacos.

| 8 | Vuelca la agresión en su cuerpo. Gran tendencia a los golpes, caídas, lastimaduras, cortes y operaciones, tanto de cirugía menor como de cirugía mayor. |
| 9 | Si no se nivela desde lo racional puede llegar a vibrar peor que el PF 5, con una tendencia a los excesos, más potente y devastadora. Deberá buscar canalizar esa fuerza mediante los estudios y el crecimiento interno. |

TABLA 7
CORRESPONDENCIA ENTRE PEm Y SUS SIGNIFICADOS

PEm	Significado
0	Grave imposibilidad para relacionarse afectivamente. Disfunciones emocionales que llevan a problemáticas psíquicas.
1	No demuestra sus emociones; exige del otro lo que él necesita: "Te amo solamente si cumples mi expectativa emocional". Por lo general, es muy difícil conseguir un equilibrado intercambio emocional con este plano.
2	No puede tomar decisiones. Cuando las toma, duda de haber hecho lo correcto. Le cuesta el intercambio emocional desde la entrega, puesto que siempre lo acucia la incertidumbre.
3	No logra vivir dentro de un equilibrio emocional. Le cuesta ser fiel, puesto que para él la motivación se basa en el descubrimiento y la conquista.
4	Necesita expresar sus emociones con equilibrio; que nada salga de la rutina. La tendencia es a establecer pautas de relación fijas que brinden seguridad y orden. En este Plano,

	difícilmente se encontrará a una persona demostrativa, pero sí a alguien estable y consecuente en sus afectos.
5	Lo movilizan el riesgo, la aventura, el peligro, los excesos. Lo encandilan el talento, la creatividad, lo nuevo. Vive sus emociones con absoluta intensidad.
6	Pone su emoción en el servicio al Otro. Por lo general, estos Planos precisan un hogar cálido, bello y armonioso. Necesitan la familia, los afectos. Cuando esto no se logra, se desequilibran y aparecen conductas destructivas.
7	Le cuesta tomar decisiones en función de su característica depresiva. Sería conveniente que este Plano comprendiera la importancia de una buena introspección que le permitiese salir a la vida, renovado, en vez de dejarse llevar por la melancolía y la depresión.
8	Le es muy difícil manejar sus mecanismos agresivos. Por lo general, aquí encontramos a los golpeadores, a los que atentan contra la integridad del otro. Cuando no pueden manifestar hacia afuera esa agresión, la vuelcan en ellos mismos, proceso que acarrea graves consecuencias físicas o psíquicas.
9	En una persona consciente del potencial que posee, ese corazón estará abierto al mundo. Si está mal aspectado, se verá constantemente envuelto en conflictos, situaciones de peligro, parejas tortuosas y fantasías inconfesables.

TABLA 8	
CORRESPONDENCIA ENTRE PE Y SUS SIGNIFICADOS	
PE	Significado
0	Puede ser en su faz positiva, un gran renovador. En su faz negativa, un negado total.
1	Viene a aprender todo, a desarrollar, como discípulo, su espiritualidad.
2	Tiene conocimientos esotéricos, le cuesta definirse para seguir un camino espiritual, pero se nivela y se potencia cuando consigue ponerse al lado de un maestro.
3	Necesidad de investigar dentro de la mayor cantidad posible de tendencias espirituales o religiosas. Espíritu de búsqueda incesante. Si se lo propone, puede llegar a un conocimiento superior.
4	Tendencia a seguir la tradición religiosa familiar. Temor ante todo conocimiento que amenace con romper su ordenada estructura.
5	Busca generar cambios revolucionarios dentro del pensamiento espiritual, investigando, descubriendo y aportando en forma creativa sus conocimientos.
6	Aquí, el servir al otro se potencia y puede llegar a convertirse en un objetivo trascendente de vida.
7	Habla de aquel que ya trae, gracias a experiencias en vidas anteriores, una importante evolución dentro del conocimiento místico, el cual deberá reforzar para poder ponerlo en práctica.
8	Habla de aquel que ya trae por experiencias en vidas anteriores, una importante evolución del conocimiento esotérico, el cual deberá reforzar para poder ponerlo en práctica.
9	Importante conexión con "lo superior". Habla de haber alcanzado en otras vidas la comprensión y la aplicación de la "alta espiritualidad", con la exigencia de recordarlo y ponerlo en práctica en el aquí y en el hora.

Vibración Anual (VA)

Esta vibración indica bajo qué influencia se encuentra el consultante durante el año en curso. Vale aclarar que el año a tener en cuenta es el personal, o sea el que está encuadrado entre cumpleaños y cumpleaños. Para obtenerla sumaremos entre sí, los dígitos correspondientes a la fecha de su cumpleaños "vigente".

Ejemplo:

Supongamos que estamos transitando el año 1998. Sea, entonces, la fecha de cumpleaños de nuestro consultante: 5 de febrero de 1998

El procedimiento es el siguiente:

a) Se toma la fecha del cumpleaños "vigente" y se la convierte a números simples, tal como explicamos anteriormente.

$$5 \text{ de febrero de } 1998$$
$$\text{día} \quad 5 = 5$$
$$\text{mes} \quad 2 = 2$$
$$\text{año} \quad 1998 = \underline{27} = 2 + 7 = \mathbf{9}$$

b) Se efectúa la reducción, según lo explicado:

$$5 + 2 + 9 = \underline{16} = 1 + 6 = \mathbf{\underline{7}}$$
$$16 / 7$$

c) Se obtiene la VA de la tabla del capítulo "El Significado de los Números Simples".

Para un 16/7, la interpretación es que la persona consultante debe cuidarse de los accidentes, de mantener relaciones poco claras y que existe probabilidad de ruptura matrimonial o de caída de estructuras poco firmes. Lo aconsejable es que sea un año para meditar cada paso y no dejarse llevar por los impulsos.

Dígito de la edad (DE)

El DE se obtiene de la suma de la edad actual del consultante y de la edad a la que se dirige (es decir, un año más que los que tiene actualmente).

Ejemplo:

Supongamos que nuestro consultante tiene 37 años. Por consiguiente, la próxima vez cumplirá 38 años.

El procedimiento es éste:

a) Se reduce la edad actual utilizando el método conocido:

$$37 = 3 + 7 = \underline{10} = 1 + 0 = \underline{\mathbf{1}}$$
$$10 / 1$$

b) Se reduce la edad inmediatamente próxima, recurriendo al método conocido:

$$38 = 3 + 8 = \underline{\mathbf{11}} = 1 + 1 = \underline{\mathbf{2}}$$
$$11 / 2$$

c) Se suman los resultados finales y "desde dónde vienen":

10 / 1

11 / 2

21 / 3

d) De la tabla del Dígito de la Edad interpretaremos que el DE le indica al consultante prestar atención para no sufrir accidentes o tener problemas en las relaciones con sus hijos o discípulos, o con sus socios y personas del sexo opuesto, a consecuencia de situaciones poco claras, como así también atender a no producir inconvenientes provocados por estructuras con bases poco firmes, generadas a partir de un exceso de optimismo e imaginación.

TABLA 9	
NÚMEROS VA, DE Y SUS SIGNIFICADOS	
N°	Significado
1	Comienzo de un ciclo. Aperturas. Camino abierto a las posibilidades. Fuerza interior para dirigirse a los objetivos individuales. Empuje. Renacimiento de la fuerza.
2	Posibilidad de asociaciones. Encuentros con terceros, para el diálogo y la apertura en lo que se refiera a emprendimientos de toda clase. Es también una vibración de pareja. Estaría indicando la posibilidad de una relación afectiva nueva. Como es un número que toca el campo emocional, ésta sería una etapa de dudas, cambios en el carácter, comportamientos duales con una

	apertura a escuchar las necesidades de la emoción. Se potencian también lo perceptivo y lo intuitivo.
3	Nos habla de la apertura hacia la comunicación. Lo relacionado con los hijos o discípulos, embarazo y buenas noticias. Viajes cortos. Creatividad puesta en marcha y un despliegue de la personalidad que posibilita captar la atención del otro.
4	Buenas posibilidades de concreción de planes, proyectos e ideas. Necesidad de ver plasmado, en el plano concreto, todo aquello que hasta el momento estuvo "en el aire".
5	Indica cambios que se manifiestan en forma imprevista. Anuncia un año de "sorpresas", lo cual posibilitará la ejercitación de la adaptabilidad a los cambios. Magnetismo y seducción. Viajes largos. Gran período de creatividad. Cuidado con los accidentes, puesto que también entran en el campo de los imprevistos. Es prudente cuidarse de la tendencia a los excesos. Propensión a accidentes cardíacos.
6	Vibración hogareña. Quien ya tiene su hogar formado, lo revalorizará. Quien está solo, sentirá la necesidad de buscar la protección de un hogar cálido y afectivo. Si ese seis proviene de un número "15", nos habla de inconvenientes, trabas y disgustos en el hogar. En el "Tarot", el arcano 15 representa a la figura del "inicuo", por lo tanto cuando aparece un "6" que proviene de un "15", nos está indicando la necesidad de reforzar los valores internos, el amor y el servicio para vencer las oscuridades. Posible aparición de disfunciones cardíacas.
7	Habla de empresa y de matrimonio; por lo tanto, según el número que acompañe, se verá a qué nivel tendrá que moverse en los dos ámbitos. También se refiere a internaciones, tanto se trate de retiros espirituales como de internaciones por problemas de salud. Es un período fértil para el estudio, la investigación y la apertura espiritual.

	Si el "7" proviene de un "16", deberá prestar especial atención en el manejo personal, pues este número nos habla de accidentes importantes y de relaciones ilícitas, tanto en el terreno profesional, como en el terreno sentimental.
8	Es un período de devolución Kármica. Leeremos entonces "recojo lo que he sembrado". Si se ha sembrado bien, se recogerá bien. Si se ha sembrado mal, se recogerá mal. Es un año de encuentros con el pasado, materializado en la posibilidad de revisión de situaciones personales. Aparición sorpresiva de personas que hace mucho tiempo que se habían alejado. Esto sirve para hacer un balance de lo vivido hasta el momento.
9	Finalización de una etapa de vida en forma pensada, elaborada. Fin de un ciclo para posibilitar el comienzo de otro ciclo. Sensación de duelo por lo que se termina y de alegría por lo que comienza. Posibilidad de establecer contactos con personas que lo beneficien. Crecimiento espiritual a través de las elaboraciones individuales.

- **Resumen**

Resumiremos lo visto en el presente capítulo, aplicando en el siguiente ejemplo la metodología explicada.

Supongamos que estamos transitando el año 1998. Sea una persona cuyo nombre y apellido, según consta en su documento de identidad, es Agustín Julio Chezar, nacido el 8 de noviembre de 1941.

Aplicando lo visto obtenemos, entonces, lo siguiente:

A G U S T Í N   J U L I O   C H E Z A R
1 7 3 1 2 9 5   1 3 3 9 6   3 8 5 8 1 9
    28/10/1   22/4   34/7

8 de noviembre de 1941
8 / 11 / 1941
25 / 7

Vibración Interna = 32/5	Lecciones Kármicas
Vibración Paterna = 34/7	1 = 4
Personalidad = 14 / 5	2 = 1
Número de Karma = 25/7	3 = 4
Número Potencial = 12/3	4 = 0
	5 = 2
Plano Mental = 6	6 = 1
Plano Físico = 2	7 = 1
Plano Emocional = 6	8 = 2
Plano Espiritual = 4	9 = 3

VA = 15/6
DE = 63   64
         9   10/1
            10/1

Encontrar el significado de cada número en las tablas correspondientes.

Capítulo 3
El significado de algunos números

En este capítulo profundizaremos aún más el significado oculto de los números, su relación con los planetas según el aporte de la Astrología, y la forma de interpretar algunos de los resultados que se obtienen.

Es importante notar que cualesquiera de las tablas que se utilizan en los Estudios Numerológicos pueden ser reducidas a una única tabla: la tabla primaria de los números. Las otras son tablas que se han ido construyendo, desde el estudio y la experiencia, durante el transcurso de la historia, para ser aplicadas a casos específicos, aunque basándose siempre en la tabla primaria, ya que no es posible desconocer la vibración característica básica de cada número.

TABLA PRIMARIA DE LOS NÚMEROS

Haciendo un poco de historia, recordemos que los números aparecieron prácticamente al mismo tiempo que apareció la escritura.

Así, para indicar si un lugar estaba lleno o vacío comenzaron a usarse símbolos:

	=	ocupado
nada	=	vacío

Con el advenimiento del comercio fue necesario cuantificar artículos, objetos, granos, animales, etc. La identificación era muy sencilla, una marca por cada unidad, pero el sistema se tornaba muy complicado a medida que las cifras iban creciendo.

III = 3

IIIIIIIIIIII = 12

Los babilonios decidieron agrupar de a 10 e indicaron el grupo con " — "

— — III = 23

La necesidad los llevó a identificar las agrupaciones superiores a 10 elementos, pero lo que implementaron no resultaba práctico.

Los griegos fueron los primeros que ordenaron y utilizaron el alfabeto para definir los grupos de 1 (A), 2 (B), 3 (C), 4 (D), 5 (E), 6 (F), 7 (G), 8 (H), 9 (I). Los grupos de 10, 20, 30, etc. fueron identificados por J, K, L, etc.. Sin embargo, tuvieron serias limitaciones, ya que no era suficiente la cantidad de letras para poder representar todas las combinaciones de agrupaciones posibles.

Ya comienza, en esa época, a verse que existe una relación entre números y letras y que podrían transmutarse números y palabras entre sí.

Entre tanto, un monje hindú introdujo la representación de "lo vacío", de "la nada", con un círculo vacío "0". Tomado por los árabes, pasó a llamarse "cero" ya que, para ellos, "cefer" significa "vacío".

Como integramos el mismo Universo del cual forman parte los números, debe existir una relación entre el desarrollo de nuestras vidas y el significado universal básico de los números.

En la siguiente tabla se muestran los caracteres originales con que se representaron cada una de las situaciones de la vida (a), el símbolo que hoy conocemos (b), lo que esos símbolos representaban y el significado que les asignamos actualmente.

		TABLA 10	
		SIGNIFICACIÓN PRIMARIA DE LOS NÚMEROS	
a	b	Representación	significado
⊚	0	El Inicio. El Todo o la Nada, como se lo quiera ver.	El Universo, el Cosmos. Es desde donde Todo surge.
I	1	Aparece el ser humano sobre la Tierra.	Liderazgo; soledad; autoritarismo
II	2	Es hora de buscar compañía y formar pareja.	Dualidad; relación con lo opuesto
Δ	3	Hay que continuar la especie. Es hora de tener un hijo.	Comienzo de interés en lo espiritual; creación.
—	4	Llegó el hijo. Hay que brindarle una casa y cosas materiales.	Logros en lo material.
☆	5	Momento de descanso, de mirar las estrellas.	El disfrute usando los cinco sentidos.
◇	6	No es suficiente. Necesita más cosas que lo material y descansar.	Formar un hogar; la estética.
△▢	7	Hay algo que no ve, pero que percibe que existe.	Preocupación en lo espiritual.
▢▢	8	Hay que conseguir equilibrio entre lo que siente y lo material.	Equilibrio; saber dónde ubicar cada cosa.
○	9	No es fácil. Quiere hacer algo pero aparecen oposiciones externas e internas.	Es la guerra, también la interior.

LOS NÚMEROS Y LOS PLANETAS

Agregamos a continuación la correspondencia existente entre los planetas y los números, según lo establecido por las ciencias astrológicas, a efectos de visualizar la coincidencia de las significancias asignadas.

TABLA 11		
CORRESPONDENCIA ENTRE NÚMEROS Y PLANETAS		
Planeta	N°	Resonancia
☉	1	Tiene como regente al "Sol". Es el poder de la voluntad lo que otorga decisión, inteligencia, acción y empuje.
☾	2	Tiene como regente a la "Luna". Esto permite una gran apertura de la intuición, la percepción y la emotividad. Dicha situación puede llevar al temor y a la indecisión.
♃	3	Tiene como regente a "Júpiter". Otorga una actitud marcadamente optimista y positiva, lo cual le permite una amplia comunicación.
♅	4	Tiene como regente a Urano. Lo guían la lógica, el análisis profundo y la búsqueda de la novedad que realmente pueda ponerse en práctica.
☿	5	Tiene como regente a Mercurio. Se destaca la curiosidad, que lo lleva a introducirse en el conocimiento de los misterios. Muy inteligente y capaz de hacer cualquier cosa para evitar que coarten su independencia.
♀	6	Tiene como regente a "Venus". Lo motiva la necesidad de la búsqueda de lo bello, del brindarse al servicio y ejercer la paciencia.
♆	7	Tiene como regente a "Neptuno". Búsqueda constante de la verdad mediante de la investigación.
♄	8	Tiene como regente a "Saturno". Es el equilibrio. Es el que a través de la sabiduría puede esperar.
♂	9	Tiene como regente a Marte. No sabe esperar. Irrumpe en forma agresiva, sin poder dominar su impulso.

NÚMEROS KÁRMICOS

Los Números Kármicos, que no se deben confundir con el Número de Karma, son Números que indican la "carga Kármica" que traemos, es decir, las tareas que no se han realizado bien en otras vidas a consecuencia de conductas equívocas en donde la personalidad fue incapaz de escuchar los consejos sabios de la "conciencia".

Los Números Kármicos son los números: 8, 13, 14, 16 y 19. Si estos números aparecen en su Estudio Numerológico, deberá prestarles mucha atención, especialmente si aparecen en el Número de Karma.

Por ejemplo:

Si su "Número de Karma" es 16/7, el "Número de Karma" será 7, proveniente de un número doble que, en sí mismo, arrastra una carga kármica importante.

Si su "Número de Karma" es 26/8, el "8" le está marcando su aprendizaje, pero con un factor extra, porque el "8", en sí mismo, es un "Número Kármico".

A continuación detallaremos el significado de cada uno de los "Números Kármicos".

TABLA 12
SIGNIFICADO DE LOS NÚMEROS KÁRMICOS

N°	Significado
8	Simboliza el manejo de las fuerzas ocultas. Por lo general, hablaríamos de manejos poco claros en otras vidas, desde los cuales la persona creyó que podía dominar a los demás seres y situaciones. Al aparecer dicho número en su estudio actual es bueno recordar que el "8" dibujado en forma horizontal (∞), es el símbolo de la "lemniscata" (la sabiduría del infinito que siempre está en movimiento). Teniendo en cuenta esto, es conveniente que usted piense antes de actuar, a efectos de: no ser portador de una energía destructiva; equilibrar su número material y espiritual; utilizar su conocimiento en beneficio de los demás.
13	Es símbolo de la muerte. No se refiere a la muerte física, sino a aquello que debe morir para permitir el nacimiento de lo nuevo. Por lo tanto, el "13" habla de transformación profunda llevada a un intenso trabajo en la vida material, evitando: el mal humor del que fue presa en otra vida, la negligencia y la indiferencia.
14	La necesidad de revertir el orden establecido lo ha llevado, en otras vidas, a grandes fracasos y pérdidas en lo material. Quiso generar cambios y lo único que consiguió fue destruir. El aprendizaje consiste en desarrollar la humildad, la comprensión y el equilibrio.
16	A causa de su soberbia y su terquedad todo lo que ha tocado se ha corrompido. El aprendizaje consiste en aceptar las pruebas con amor, construir cada aspecto de su vida sobre bases sólidas, sin escuchar los impulsos de su "ego" y sin aferrarse a las circunstancias materiales.
19	Todo lo que viva en esta encarnación en forma de pruebas y adversidades, sería bueno que fuese bien analizado, para darse cuenta de si está pagando errores cometidos en otra encarnación, puesto que la vida lo llevará a bucear en sus propios rincones ocultos. El desafío será vencer la tendencia a un fuerte carácter que lo sorprende sin permitirle analizar.

SIGNIFICADO OCULTO DE ALGUNOS NÚMEROS

A la luz de la investigación, la experiencia, la historia, la estadística y el Universo, vamos corriendo, poco a poco, los velos que protegen "Lo Oculto" y accediendo a más y mejor información.

Mostramos en este apartado algunos resultados de este proceso de desocultamiento en el que encontramos significaciones más profundas, entre otras, de los Números Kármicos.

TABLA 13	
SIGNIFICADO OCULTO DE ALGUNOS NÚMEROS	
N°	Significado Oculto
8	Representa al "Gran Guerrero de la Luz" que comanda todas las huestes celestiales. Dios creó el Coro de los Arcángeles con 9 integrantes. El primer integrante era "Luzbel", que significa "La Luz más perfecta de Dios". Luzbel, creyéndose más poderoso que el Padre, quiso desobedecerle y fue arrojado a las tinieblas. Por lo tanto, el Coro de los Arcángeles está conformado por 8 Arcángeles, siendo el primer Arcángel, San Miguel, que significa "Quien como Dios". Es el que lucha contra el poder de las tinieblas. Por lo tanto, el 8 posee una enorme fuerza espiritual, un concreto conocimiento de los secretos del Universo y toda la capacidad para llevar sabiduría al plano material.
13	Representa al "Gran Transmutador". El que marca el Paso de la muerte a la Vida. En el pueblo judío estaría simbolizado por el cruce del Mar Muerto. Al lograrlo, el pueblo judío se liberó de la muerte que significaba la esclavitud a la que estaba sometidos por los egipcios, e inició el camino hacia la

	conformación de una nación poderosa (Pascua Judía). En el pueblo cristiano, simboliza la Muerte de Jesús, que acepta los padecimientos por Amor, y logra de esta manera dejar como herencia a los hombres, el poder morir a sus miserias y mezquindades humanas, en aras de Vivir en la Luz y el Amor del Padre Eterno (Pascua Cristiana).
14	Revela el significado de la Cruz, y por qué Cristo muere en ella. La vida de Jesús, su mensaje y su accionar eran extraños a la forma de pensar y conducirse de los hombres letrados. Puesto que si bien Él no contrariaba la ley de Moisés, al agregar nuevas formas, —completándola— generaba temores, dudas y movimientos políticos entre los que ejercían el poder. Jesús subvertía el orden establecido, por lo tanto era necesario deshacerse de Él. Se elige la cruz como forma de padecimiento, de muerte. Nótese que la cruz responde al N° 5 (se define una cruz con 5 puntos) y que el 5 está indicando el movimiento del cambio. Si bien Cristo fue un Revolucionario en la vida, subvirtió totalmente el orden establecido, con su muerte entregada por Amor a todos los hombres.
16	Representa "el rayo enviado por la Justicia Divina" para aniquilar las obras de los hombres que se erigieron sobre los pilares de la soberbia y el poder despiadado. Para los pitagóricos, esta fuerza le era suministrada por estar compuesto por el 1, que representa a Dios, y el 6, que simboliza a la doble trinidad representada por la "estrella de David".
19	En la Kabaláh, este número representa la "Piedra Filosofal, el Sol y el Oro". Para el Tarot, el arcano 19 es muy favorable, puesto que indica esplendor, alegría y concreción. Para Pitágoras era la Luz que la revelación aportaba al conocimiento humano.
99	El número 99 evidencia la bajada del Ángel en la vida de una persona, para que ésta cumpla con las pruebas enviadas desde el cielo.

365	Es el número que maneja el tiempo terrestre, que permite el fluir callado y armónico de los acontecimientos necesarios para el proceso evolutivo marcado por este ciclo. Por eso, para los hebreos este número simboliza "el silencio".
666	Si leemos el Apocalipsis, veremos que es el número destinado a "la bestia". Para los pitagóricos, el "666" no puede tender hacia la perfección porque su carga es destructiva.
777	El estado de perfección está representado por el número "777", teniendo en cuenta que Dios opera en la tierra a través del número "7".
888	El número que representa la plenitud y la perfección es el número "888", que en letras hebreas responde al nombre de "Jesús".
999	El número que representa a Dios es el número "999", que comparativamente es el número "666" invertido.

NÚMEROS MAESTROS

Los Números Maestros son números que aportan en sí mismos, un caudal enorme de conocimiento y que empujan al individuo a concretar su mandato. El lugar donde se potencian con mayor fuerza es en el Número de Karma, ejerciendo también una importante influencia en otros lugares del estudio numerológico.

Los "Números Maestros" son: 11, 22, 33, 44, 55, 66. Mostramos su significación en la siguiente tabla.

TABLA 14		
LOS NÚMEROS MAESTROS		
N°	Significado	
11	Es un número que trae de encarnaciones anteriores el conocimiento fresco acerca de la vida y la muerte; del bien y del mal; la luz y la oscuridad. Lo que la persona describe como intuiciones o percepciones, es el recuerdo del conocimiento anterior. Siempre estará interesado en "Lo Oculto", lo esotérico, lo filosófico. Es "el pequeño Maestro", el que está llamado a instruir a grupos de pocos integrantes que buscarán atentamente su irresistible discurso. El "N° 11" deberá guiarse por los impulsos de su corazón para evitar que el "ego" le juegue una mala pasada, colocándose en actitudes injustas o manifestaciones de exceso de poder. Esta vibración despierta envidias y celos en los demás, por lo tanto, este número estaría expuesto a la acción de los enemigos ocultos. Será bueno tener en cuenta que, si no se toma conciencia de vivir como un "11", entonces vibrará como un "2", lo que generará indecisiones, dualidades y frenos provocados por dicha vibración. Situación que lo llevará a bajar la cabeza ante la voluntad del Otro.	
22	Es dos veces 11. Este número marca la posibilidad de trascender las fronteras y abrirse al mundo, primero se logra la concreción material y luego se ocupa de las mejoras sociales. Debe marcar claramente sus objetivos y dirigirse hacia ellos, teniendo como estandarte los principios éticos y buscando siempre el beneficio de todos. Cuidado con el poder; puede envenenar su alma y destruir la tarea encomendada.	
33	Es tres veces 11. Es una vibración de servicio a los demás, de total entrega al otro, haciendo gala de una capacidad energética inagotable. El "33" ama al prójimo y se desvive por	

demostrarlo. En su afán de perfección, va a la búsqueda de las verdades ontológicas (Lo verdadero; Lo Bello; Lo Bueno), procurando un Universo cercano, armónico. Si no puede sostener la vibración Maestra, actuará como un "6" (33/6), poniéndose al servicio de lo doméstico y desaprovechando su talento. A partir de la "casuística" se detecta que, en este momento, hay muchos jóvenes que portan la vibración "33/6", deseosos de construir un mundo amorosamente armónico y que, al comprobar la inmensa cantidad de obstáculos que hay en su camino, se colocan en el polo opuesto, y son ellos entonces, los encargados de destruir con fuerza y resentimiento.

44	Es dos veces 22. Tiene como misión, expandir su sabiduría en forma universal, atendiendo al equilibrio entre lo material y lo espiritual, aportando el conocimiento del dominio de la mente y la materia y llevandolo al plano esotérico, desde el cual evolucionará hacia la "Alta Espiritualidad". Es el que idea y concreta, el que difunde y hace prosperar.
55	Viene a desarrollar un plano de acción totalmente revolucionario y trascendente a nivel mundial; a poner su marca como "gran renovador", erigiéndose en la cabeza pensante y ejecutora de todas las acciones. El riesgo es permitir que este número "55" se mueva en forma caprichosa, cometiendo excesos y destruyendo, sin tener qué construir, actitudes que lo llevarán a la soledad, el encierro y la miseria.
66	Es dos veces 33. Brinda su amoroso servicio incondicional a todo aquel que lo necesite. Lo mueve el amor al prójimo, y será llevado a una tarea internacional en auxilio de quienes necesiten verdadera ayuda. Uno de los instrumentos que utilizará será la comunicación clara, precisa y ardiente que movilizará, en los demás, la necesidad de cooperar. El riesgo es volverse obcecado y tiránico y querer abarcar más de lo que puede.

Nota:

Tal como lo demostramos anteriormente, debe recordarse que, si cuando se realiza el cálculo del Número de Karma (NK) se obtiene como resultado de dígito simple: 1, 2, 3, 4, 6 u 8, deberá prestarse especial atención a detectar si vienen de algún Número Maestro.

Si es así, se efectuará la lectura del Número Maestro y del dígito simple y se interpretará que, haciendo un fuerte trabajo hacia lo positivo del número simple, se llegará hacia lo positivo del Número Maestro.

Capítulo 4
El significado de los números simples

Procederemos a continuación, a aclarar el significado de los Números Simples.

0 Lo rige el planeta Plutón. Indica que se ha cerrado un ciclo para abrir otro totalmente distinto.

Suele generar angustia, frente a la posibilidad de un cambio de vida. Simboliza la transmutación y el resurgimiento. No interesa la anécdota sino el concepto total de lo cíclico, de la necesidad de que exista la Nada, para que se revele el Todo.

Si bien el final de un ciclo puede estar representado por la muerte física, esta desaparición provoca cambios en el entorno y en el ser mismo, que ha desaparecido físicamente, pero no energéticamente.

Esta vibración también señala divorcio, terminación de sociedades. En algunos casos, si bien no se diluyen las relaciones, el cambio es tan grande que aunque sigan reunidas las mismas personas nada es igual, todo es diferente.

Espiritualmente es la oportunidad de la renovación interna, produciendo un vacío de pasado, para concebir en forma consciente un buen presente que de pie a un futuro próspero.

1 Tiene como regente el "Sol". Es un número fuerte, independiente, dominante. Concede una inteligencia abierta, eficaz, rápida, que comprende rápidamente dónde está el nudo de la problemática. Muy trabajador. Es el que abre la puerta hacia las nuevas oportunidades. Destinado a ser cabeza, en virtud de su don de mando.

Es generoso y sensible, pero tratará de fabricar un escudo que lo proteja ante los demás.

Debe cuidarse de la posibilidad de caer en el egocentrismo, la ambición desmedida, los celos, el egoísmo y cierta tendencia a la soledad.

El "1" tiene como tarea reflexionar para abrir puertas y caminos, pero no para transitarlos solo, sino junto a otros, en una tarea fruto del esfuerzo de todos.

Se destacará en cualquier ámbito, pero se inclinará a carreras de contenido científico que generen un desafío en el área de la investigación.

2 Su regente es la "Luna". Las personas influenciadas por este número tenderán a ser dominadas por su sensibilidad y por el vaivén de sus emociones.

Es afable y generoso. Tremendamente intuitivo y perceptivo.

Este número simboliza la pareja. Lo negativo y lo positivo. Por lo tanto, es el que transita las polaridades (Yin - Yang). Esto lo lleva a convivir en la dualidad, en forma constante (voy o no voy; hago o no hago, etc.).

Es importante poner especial atención en controlar la dualidad, para evitar los altibajos emocionales que suelen desestabilizarlo; es valioso también perder los temores y aceptar los riesgos.

Tendrá inclinaciones hacia carreras de orientación diplomática, de ayuda social, secretariados, o hacia todo cuanto concierne a las bellas artes. Potenciando al máximo la influencia lunar, podrá incursionar en los laberintos del Ocultismo.

La persona que porta un número "2" tiene como misión evitar que su miedo y su indecisión lo lleven a convertirse en un sometido.

3 Tiene como regente a "Júpiter". La persona que vibra bajo la influencia del 3, despierta simpatía y afecto. Sabe y necesita comunicarse, tanto mediante la palabra como de los gestos. Su carta de triunfo es el optimismo, sin que éste lo aleje de la realidad que le toque vivir.

Le agrada el dinero, pero lo malgasta. Es un automotivado. Todo le gusta y todo lo entusiasma.

Logra establecerse en pareja, siendo ya grande y en la medida que la persona elegida no coarte su libertad.

La tendencia a la búsqueda incesante de nuevas emociones hace que pierda una cantidad enorme de energía.

Un "3" puede estar todo el día acostado en una cama, imaginando cómo le gustaría vivir lo que querría vivir, y al caer la noche, se sentirá tan agotado como si hubiera hecho un trabajo físico superior a sus fuerzas.

Es prudente que fije pequeños objetivos para cumplirlos diariamente, a fin de poder organizarse. Esto es imaginar menos y concretar más.

Los "3" tienden a destacarse como locutores, actores, escritores, músicos, políticos y todo aquello que tenga que ver con el contacto humano.

4

El regente es "Urano". Simboliza la concreción de la idea en la materia. La persona influida por el 4, busca el orden y la disciplina.

Organiza para su vida una estructura firme sobre la cual apoyarse.

No es un innovador, sino un organizador. Recién mostrará toda su potencia, cuando haya estudiado a fondo todas las posibilidades de una propuesta.

Es muy estudioso. Adora la discreción y crea lazos afectivos leales y fieles, puesto que él ama profundamente y pone lo mejor de sí mismo en ese afecto.

Cuando decide formar una pareja lo hace muy seguro de la decisión tomada, aunque le cueste demostrar sus sentimientos.

Sería importante que el andamiaje de seguridad que monta alguien que vibra en un "4", alrededor de su vida, tenga puntos de flexibilidad por donde se puedan filtrar los cambios.

Cuenta con capacidad para triunfar en carreras que tengan que ver con leyes, fórmulas matemáticas, fórmulas químicas y podrá desempeñarse correctamente en una empresa donde se inicie como empleado y vaya escalando posiciones.

Es importante que, en algún momento, la persona que porta un número "4" permita entrar en su vida la sensación de riesgo y la adaptación al cambio.

5 Tiene como regente a "Mercurio". Las personas que vibran bajo la influencia de un número "5", son inteligentes y talentosas. Su necesidad básica es la del movimiento y la acción, puesto que este número es el símbolo de la vida.

Ama profundamente la libertad, sintiendo que sólo desde ella puede crear.

Sabe tomar inmediatas decisiones, debido a su capacidad de rápida adaptación a los cambios que se producen. Posee una intuición aguda y una percepción afinada. Es capaz de sacrificar todo para volar en pos de una aventura.

Valora el dinero en función del placer. Vive cada día de su vida como si fuese el último.

Su personalidad, su talento y su energía hacen que no pase inadvertido en ningún sitio; y aunque su accionar parezca impulsivo, éste es producto de una rápida y aguda reflexión.

Este número tiende a dejarse llevar por los excesos. Ya sea comida, bebida, drogas y sexo. Entendiendo por exceso tanto el desborde en el consumo, como el negarse a consumir (ejemplo: obesidad, anorexia, etc.).

El número "5" mal aspectado es crítico, difícil de tolerar en una convivencia. Tiene arranques de irritabilidad y de fastidio, sobre todo si siente que lo quieren encerrar.

Si bien le espera una vida de viajes que acrecentarán su conocimiento, siempre estará rodeados de riesgos y sorpresas.

Posee gran capacidad para todo lo que tiene que ver con el mejoramiento y adelanto social en general y con actividades artísticas y/o literarias.

6 Lo rige "Venus". La persona que vibra en el "6", vive inmersa en la búsqueda de las verdades ontológicas (Lo Verdadero; Lo Bello; Lo Bueno).

Necesita del amor y de la armonía, por eso tiende a crear un mundo privado donde se cobijen la familia y los amigos, o sea, sus verdaderos afectos. Necesita estar dentro de un hogar contenedor y amable. Es hipersensible; fiel y noble. Notablemente creativo. Buen padre o buena esposa y madre.

La necesidad imperiosa de un mundo en armonía lo lleva a desarrollar tareas que tengan que ver con la humanidad y lo social.

Es muy inteligente, pero a la vez sentimental y romántico; despierta simpatía, confianza, afecto en quienes lo rodean.

No tiene grandes ambiciones, pero sí, modera y administra sus gastos para no pasar privaciones.

En la búsqueda de la armonía puede volverse tiránico, pretendiendo que los demás acepten sólo las pautas que él considera correctas. Puede mostrarse terco y obstinado.

Debido a su hipersensibilidad podrá mostrarse inestable en su comportamiento. El temor a que sus emociones lo debiliten, le hará ocultar sus sentimientos bajo una apariencia desenfadada, cínica y fría.

Sería prudente cuidar los excesos en su impulso de darse al otro desde un servicio amoroso, pues suele llegar hasta el agotamiento, entregando todo en aras de quien lo necesite.

Los caminos profesionales están abiertos en todo cuanto se relaciona con el desarrollo de la creatividad, así como también con el campo de lo humanitario (docencia, ciencias médicas). El triunfo también llega en puestos que tienen que ver con "el hombre de confianza" (contador, administrador, banqueros).

El número "6" está representado por la estrella de David; unión del triángulo espiritual —con el vértice hacia arriba—, con el triángulo material, cuyo vértice está hacia abajo.

7 Su regente a "Neptuno". El 7 representa la evolución de un ciclo y está presente en los 7 días de la semana; las 7 notas musicales; los 7 colores del arco iris, etc. Por lo tanto, genera siempre un inicio que crece, alcanza la cumbre y luego vuelve a la nada.

La persona que vibra en un N°7 pondrá especial atención a este punto, de modo que será disciplinado. De esta manera evitará la sensación de fracaso, comprendiendo que siempre que se cierra un ciclo es para comenzar otro nuevo, sin que por esto descuide lo que haya podido conseguir y afirmar.

Esta vibración lleva a la búsqueda —a través de una necesidad intuitiva— de lo filosófico y lo metafísico. Esto lo torna analítico e independiente, con una gran curiosidad en todos los campos.

En general es introvertido, buscando estudiar e investigar en soledad.

Así también, en la vida cotidiana, buscará un lugar para su momentáneo aislamiento

Hace pocos amigos, pero le duran toda la vida, especialmente aquellos que comparten la necesidad de su evolución espiritual, que no puede sustraerse de la atracción que sobre él ejercen el misticismo y el ocultismo.

Tolerar los movimientos que generan en su vida los cambios cíclicos y su tendencia al aislamiento y a la introspección puede llevar a cuadros depresivos que, en algunos casos, llegarán a ser importantes y de severa atención médica.

Es aconsejable que aprenda a mostrar sus sentimientos y a vivirlos con total intensidad.

Su afán perfeccionista puede llevarlo a sentir que "nadie podrá hacerlo como él"

Así como cambian sus ciclos, puede darse que, en forma brusca, cambie de empleo y de amistades sin dar explicaciones.

Es factible que sea un buen artesano o escultor, un buen maestro o un buen científico, pero por sobre todas las cosas, la búsqueda es el claustro. En consecuencia, encontraremos muchas vocaciones religiosas vibrando en este número.

8 Tiene como regente a "Saturno". La persona que vibra en un 8 tiene el desafío de equilibrar el mundo material y el mundo espiritual, dándole al dinero su verdadero valor y colaborando con aquel que lo necesite.

Posee una enorme fuerza espiritual, vital y mental. Es activo, magnético y fascinante, con la cuota de agresión suficiente como para llegar al objetivo propuesto, cualquiera que sea el tiempo que le demande.

Es sensual y sexual. Sabe concentrar su energía y ejercer el autocontrol. No tolera la mediocridad y la mezquindad en algún aspecto de su vida.

No se detiene ante los contrincantes o los obstáculos. Utiliza constantemente su capacidad perceptiva.

No se siente ofendido fácilmente, pero cuando llegan a colmar el caudal de su paciencia, borra de su vida esa relación, como si no hubiera existido.

Una vez conseguida la afirmación en la materia y la evolución en lo espiritual, le llegará el derecho natural que posee la vibración "8", al Conocimiento, pudiendo destacarse como un renovador en el campo evolutivo espiritual.

Si no se utiliza bien la potencia del N°"8", ésta se volverá agresiva, irreflexiva, egocéntrica y obstinada, al punto de ejercer la agresión física, tanto hacia el otro como a sí mismo, generando enfermedades graves, operaciones quirúrgicas, etc.

También puede llegar a volcar todo su caudal en la búsqueda de lo material y descuidar su parte espiritual.

Por su autodisciplina puede desempeñarse en cualquier lugar profesional, poniendo a su servicio todo su talento creativo y toda su capacidad de concreción.

Se desarrollará ampliamente en lugares de autoridad, pues sabe mandar y hacerse obedecer. También lo atraerán a la cirugía, la educación física y la carrera militar.

9 Tiene como regente a "Marte". Éste es el número del "líder espiritual". El que tiene ideas que tienden a la paz y a la armonía en el mundo. Sufre cuando se pone en contacto con noticias que hablan de destrucción.

Es afectivo, emotivo y tímido. Sólo puede mostrarse en público cuando lo empuja una causa. Es muy eficaz y sensual. Despierta el afecto en su entorno. Es fiel a su pareja, pero le quita tiempo, debido a sus objetivos humanitarios. Por lo general, poseen capacidad extrasensorial (videncia, clarividencia, etc.)

Debido a esta fuerza espiritual, suele pasar por todas las pruebas: pérdidas, sacrificios, dolores y renuncias; experiencias que no significan un castigo, sino la preparación para un fortalecimiento interno que lo ayuda a crecer para alcanzar el logro de sus objetivos humanitarios.

Así como la búsqueda de un "9" puede ser la alta espiritualidad de la Luz y el Bien, en el polo opuesto encontramos al líder espiritual de la Sombra y el Mal.

El "9" que no logra encaminar su vibración podrá entregarse con enorme fuerza a las drogas y los vicios; al fanatismo y hasta presentar características psicopáticas, como así también todo tipo de conductas anormales.

En cuanto a los estudios podrá volcarse a la medicina en cualquier rama, al sacerdocio y al derecho.

Capítulo 5
Tránsito de letras

En este capítulo, continuando con el recorrido desde "Lo General" a "Lo Particular", profundizamos el Estudio Numerológico a través de la utilización del método llamado "Tránsito de Letras".

Este método permite obtener los números que caracterizan cada etapa en la vida de una persona, "transitando" con el análisis por cada una de las letras que componen sus nombres y apellidos.

Como ya mostramos en los capítulos anteriores, cada letra tiene asignado un valor numérico y la relación entre esos valores indica la probabilidad de ocurrencia o de aparición de ciertos aspectos en la vida del consultante.

Pero hay algo más en la interpretación de esos números. Cada número correspondiente a una letra también representa un "paquete" de años, durante los cuales vibrarán ciertas características específicas que irán predisponiendo al consultante según los aspectos positivos o negativos, puestos de manifiesto según el número en cuestión.

Tomando los valores indicados en la tabla 1 del capítulo 2 de equivalencia entre letras y números, analizaremos el siguiente ejemplo.

Sea un consultante cuyo nombre es Mario:

    M A R I O

    4 1 9 9 6

La lectura se comienza por el primer número, o sea, 4. Éste será el primer "paquete" de 4 años en la vida de Mario

Tomando como referencia para la interpretación las tablas "Interpretación de las Vibraciones" y "Significado de los Números en la letra de comienzo del nombre" que se encuentran mas adelante, encontramos que:

a) Los nombres que comienzan con 4, por lo general indican infancias conflictivas que marcarán las futuras acciones de vida. Lo conflictivo puede aparecer tanto en el ambiente familiar como en la forma de relacionarse, del individuo en cuestión, con su entorno. Así puede darse que, en un hogar aparentemente normal, ese niño se hubiere sentido relegado o hubiera esperado otro tipo de relación según las necesidades de su personalidad.

b) Pasados los primeros 4 años de su vida, entra a sus 5 años en la vibración 1. Por la edad, se puede decir que comienza un período nuevo donde descubre la independencia y el valerse por sí mismo. Esto podría traducirse como la entrada al jardín de infantes o a un cambio de ambiente en lo familiar (la llegada de un hermano, la enfermedad de algún integrante de la familia, etc.). La vibración 1, también aporta sentimientos de soledad y la sensación de estar obligado a hacer todo solo.

c) A los 6 años, entra en un grupo de 9 años: El primer año del 9 coincide con los 6 años del consultante (o sea, entra en la vibración del primer año del "paquete" de 9 años o, como se suele decir, entra en un 1 de un 9). Como el primer año es un 1, decimos que se inicia un nuevo período en su vida, que podría coincidir con la entrada en la escuela primaria y/o algunas de las opciones antes dichas, puesto que Mario salió de un 1 para entrar en otro 1 aunque éste pertenezca a un 9.

c.1) A los 7 años entra en un 2 de un 9. Esto hablará de sus relaciones en el entorno social y de la visión que tiene de la pareja de sus padres, en la que podrá detectar algunos conflictos con mayor claridad

c.2) A los 8 años entra en un 3 de un 9. Será un período de expansión, de mayor comunicación con el entorno y de mayor curiosidad por el mundo que lo rodea.

c.3) A los 9 años entra en un 4 de un 9. Señala un tiempo en el que la prioridad radica en concretar todo aquello que se proyectó durante el año anterior, aunque también podrán aparecer hechos concretos del entorno que pueden o no ser agradables.

c.4) A los 10 años entra en un 5 de un 9. Época de cambios imprevistos, sorpresas agradables y desagradables, separaciones, fallecimientos, cambios de casa, pérdidas sorpresivas tanto en lo afectivo como en lo material.

c.5) A los 11 años entra en un 6 de un 9. Situaciones conflictivas en el hogar, que pueden repercutir en la salud, tanto del consultante como de algún miembro de la familia

c.6) A los 12 años entra en un 7 de un 9. Período en que pueden darse procesos depresivos y de encierro o desazón, buscando refugio en el estudio, provocados por enamoramientos no correspondidos.

c.7) A los 13 años entra en un 8 de un 9. Es un momento de devolución kármica, o sea, todo aquello que ha sido bien resuelto devolverá sus frutos y todo aquello que no ha sido bien resuelto, se presentará nuevamente para corregirlo.

c.8) A los 14 años entra en un 9 de un 9. Representa el cierre de un ciclo; se dejan atrás los patrones establecidos para tener la oportunidad de abrir nuevos caminos.

El tránsito de 9 años que indica el número 9 es un tiempo que presenta dificultades y pruebas que no deben ser tomadas como un castigo, sino como un aprendizaje, puesto que a cada prueba sorteada le corresponde un premio de la misma magnitud. En el caso de Mario, su tránsito de letras lo lleva a recorrer dos nueves juntos, o sea, un 99. Este caso es llamado "La bajada del Ángel". Esta vibración de pruebas, lo acompañará durante 18 años de su vida (desde los 6 hasta los 23 años) generando un intenso aprendizaje.

d.1) A los 15 años, entra en un 1 del segundo 9. Indicará un nuevo inicio en su vida, puertas que se abren o acontecimientos que marcan su historia.

d.2) A los 16 años entra en un 2 del 9. Está hablando de una vibración de pareja, lo que debemos evaluar en importancia teniendo en cuenta la edad (no es lo mismo hablar de pareja a los 30, 40 ó 50 años que a los 16). También se puede hablar de asociaciones con compañeros o amigos para llevar adelante algún proyecto.

d.3) A los 17 años entra en un 3 del 9. Indica mayor necesidad de comunicación con el entorno y dispersión de energía por dejarse llevar por las fantasías. Podría sentirse una inclinación hacia la música, las letras, la plástica o la docencia.

d.4) A los 18 años entra en un 4 del 9. Marca una necesidad de concretar lo que se movilizó como proyecto en el período anterior.

d.5) A los 19 años entra en un 5 del 9. Indica un momento de cambios rápidos, imprevistos, tendencia a los excesos y vida sexual intensa. Deberá cuidar en esta etapa, el riesgo de un embarazo en su pareja.

d.6) A los 20 años entra en un 6 del 9. Habla de una necesidad de armonía, de hogar, de servicio a los demás, pero también de conflictos en la familia. Cuidado con buscar escaparse de esta situación, armando el propio hogar sin fundarlo sobre bases firmes.

d.7) A los 21 años entra en un 7 del 9. En esta vibración puede intensificarse la necesidad de un casamiento con papeles o el deseo de iniciar investigaciónes filosóficas o místicas. También en este momento deberá tener cuidado con los estados depresivos.

d.8) A los 22 años entra en un 8 del 9. Otra vez se instala una barrida kármica en donde las acciones positivas tendrán su premio, y lo que no fue resuelto volverá para que aprenda de ello.

d.9) A los 23 años entra en un 9 del 9. Vivirá un fin de ciclo cerrando una historia, para tener la oportunidad de abrir otra.

e.1) A los 24 años entra en un 1 de un 6. La vibración del 6 nos remite a considerar una etapa de necesidad de armonía, de refugio en el hogar como también de terquedad y obstinación. Deberá darse cuenta cuándo estas características actúan positivamente y cuándo no. Al estar en un 1, aparece la fuerza para emprender nuevos caminos, aceptar nuevas propuestas, iniciar emprendimientos.

e.2) A los 25 años entra en un 2 de un 6. Período donde vibra la pareja en el hogar; si no se casó, deseará hacerlo. Si lo concretó, reforzará su pareja. También surgen asociaciones que tienen que ver con servicios.

e.3) A los 26 años entra en un 3 de un 6. Vibra aquí la necesidad de comunicarse con el mundo de una forma más madura, ya sea a través de brindar el conocimiento adquirido o escribir o hablar en los medios de comunicación. También es una vibración que habla de los hijos.

e.4) A los 27 años entra en un 4 de un 6. Vibra aquí la tendencia a concretar logros que aporten a su vida y armonía, sobre todo en lo que concierne al hogar.

e.5) A los 28 años, entra en un 5 de un 6. Impulsa a generar cambios, pero a su vez a estar abierto a las modificaciones que se imponen desde afuera en forma sorpresiva.

e.6) A los 28 años entra en un 6 de un 6. Cierra el ciclo de 6 años dentro de esta vibración. Se sentirá con una fuerte tendencia a refugiarse en su hogar, uno de los pocos lugares donde se sentirá a gusto. También podrá experimentar una fuerte inclinación hacia el servicio a los demás. Deberá tener cuidado, pues podrá verse impulsado por una fuerte testarudez o un vigoroso deseo de dominación.

Concluimos de esta forma el ejemplo propuesto que, como vimos, nos ha permitido profundizar el Estudio Numerológico, entre el nacimiento y los 28 años de este consultante.

Queda claro que estos "paquetes" de años, se siguen leyendo en cada nombre y cada apellido del consultante, hasta la última letra.

En el caso de los nombres completos cortos, o sea, los que están conformados por pocas letras, al llegar a la última se volverá a leer la primera. Como se toma en cuenta también la edad que se va cumpliendo, la lectura tendrá mayor significación según el crecimiento. No es lo mismo un 5 de un 7 a los 8 años, que a los 23 o a los 50.

TABLA 15	
INTERPRETACIÓN DE LAS VIBRACIONES	
N°	Interpretación
1	Este número porta la energía de iniciar cosas, el empuje, el comienzo de la dinámica, el impulso. También durante esta vibración puede sentirse tendencia a la soledad o bien la sensación de tener que afrontar solo a la vida. El 1 de un 1 señala de un año que cuenta con la fuerza para el inicio, aunque se tenga que luchar con una marcada sensación de soledad. El 1 de un 2 habla de la fuerza puesta en la pareja o en las asociaciones, ya sean de amistad como de trabajo. El 1 de un 3 abre con fuerza una etapa donde la dificultad a sortear es lograr la comunicación con las necesidades internas como con el medio ambiente. El 1 de un 4 empuja llevando adelante el objetivo de la concreción y buscando las puertas apropiadas para evitar la pérdida de tiempo y esfuerzo. El 1 de un 5 indica que se entra en un período de cambios rápidos y, en algunos casos, inesperados. Hay una fuerza extra potente, intrépida y seductora, que empuja en la búsqueda de nuevos caminos antes no explorados.

	El 1 de un 6 buscará su realización en el hogar. Si es soltero, deseará casarse. Si es casado, reforzará el vínculo con la pareja y los hijos. Si aún no tiene edad para formar pareja, se refugiará en su hogar paterno y sufrirá con gran intensidad los hechos desgraciados o desagradables. El 1 de un 7 habla de un impulso que tiende a la búsqueda interior, a la introspección, a la investigación o los estudios. También puede aparecer la necesidad de formar o reformular una empresa o la de constituir la empresa - matrimonio, es decir llevar a los papeles el compromiso de convivencia. El 1 de un 8 indica el comienzo de una etapa de devolución kármica, donde el Universo premia lo que se resolvió acertadamente y otra vez trae a la luz, los errores, para tener oportunidad de corregirlos. En este año vibrará lo que concierne al ego y, por ende, a las actitudes individuales. El 1 de un 9, habla del inicio de un nuevo período en que deberán aprovecharse al máximo las enseñanzas que le esperan a través del camino.
2	Este número indica un período de dos años, donde la vibración predominante será la tendencia a la dualidad, con dificultades para tomar decisiones correctas. Aquí aparece la necesidad de formar pareja y la oportunidad de empezar asociaciones o acordar con otros, en función de proyectos. En su fase más positiva, este 2 posibilitará la apertura de la percepción y la intuición; deberá dejarse llevar y evitar que la inseguridad de la dualidad bloquee ese canal. Ya analizamos la interpretación de un 1 de un 2. El 2 de un 2 lleva en sí mismo la energía potenciada de la definición del 2, por lo tanto, se tendrá que estar muy atento a los vaivenes y las dudas y dejarse llevar por el fluir perceptivo. Hasta aquí se desarrolla el "paquete" de 2 años, pero el 2 vibra también en los "paquetes" de los otros números. Así entonces: El 2 de un 3 habla de ir a la búsqueda del otro para compartir y comunicarse (aquí también podemos hablar de pareja o encuentro).

	El 2 de un 4 señala la concreción de acercamientos y de sentimientos. El 2 de un 5 habla de parejas con una sexualidad intensa o de asociarse con otros desde los excesos (alcohol, drogas, sexo, etc.), pero en su fase positiva, habla de las asociaciones desde la creatividad y el cambio revolucionario. El 2 de un 6 potencia la necesidad de la pareja y el hogar compartido. Si está casado, se reforzarán los lazos de la pareja; si es soltero, aparecerá la idea fuerte de casarse. El 2 de un 7 pugna por la concreción del casamiento con papeles o por la necesidad de formar una empresa o por reactivar o renovar la ya existente. También puede aparecer la urgencia de reunirse para estudiar, investigar, experimentar, bucear en los conocimientos esotéricos. El 2 de un 8 señala de una devolución kármica que afecta a la pareja y las asociaciones; todo lo que fue resuelto será premiado y aquello que no lo fue, volverá para ser sanado. El 2 de un 9, indica pruebas a sortear con la pareja y las asociaciones y, desde lo espiritual, establecer una alianza con el cielo a fin de poder actuar con sabiduría.
3	Este número indica un período de tres años durante el cual el desafío pasa por poder abrirse a la comunicación. Desde aquí también puede aparecer el gusto por la música, las letras, la locución, el arte escénico. Ya hemos analizado las vibraciones del 1 en un 3 y la del 2 en un 3. El 3 de un 3 cierra el "paquete" de 3 años potenciando lo antes expuesto. También aparece la posibilidad de tener hijos o, si ya los tiene, poder estrechar vínculos con ellos. Hasta aquí el ciclo de 3 años, pero el 3 vibra también en los "paquetes" de los otros números. Así vemos que: El 3 de un 4 habla de concretar la comunicación con el mundo, para expandir las ideas. También dice de la posibilidad de concretar un embarazo. El 3 de un 5 indica la fuerza necesaria para comunicar los cambios o para permitir que los cambios se comuniquen con

| | nosotros. También previene la posibilidad de un embarazo sorpresivo.
El 3 de un 6 potencia la comunicación en el hogar o en el servicio comunitario.
El 3 de un 7 indica la apertura al intercambio acerca de aquellos temas referidos a lo filosófico, lo místico, la investigación fenomenológica.
El 3 de un 8 habla de un impulso kármico que lo llevará a comunicarse sí o sí, si es que aún no lo ha hecho.
El 3 de un 9 potencia la necesidad de derribar las trabas que bloquean el logro de una buena comunicación. También indica la posibilidad de problemas con algunos de los hijos, de pérdidas espontáneas de embarazos o problemas con los hermanos. |
|---|---|
| 4 | Este número nos marca un período de 4 años donde predominará la necesidad de concretar proyectos, sueños, afectos y la tranquilidad económica, el techo propio o el lugar de pertenencia.
Ya hemos analizado el 1 de un 4, el 2 de un 4 y el 3 de un 4.
El 4 de un 4 potencia la vibración antedicha y empuja las concreciones.
Hasta aquí, el ciclo de 4 años en un número 4, pero esta vibración también está presente en los otros "paquetes" numéricos. Así vemos que:
El 4 de un 5 abre la posibilidad de que se surjan cambios revolucionarios en la vida propia y en la de los que lo rodean.
El 4 de un 6 indica concreciones en el hogar, ya se trate del propio o del hogar paterno. También habla de la posibilidad de lograr el techo o el lugar donde sentirse bien.
El 4 de un 7 indica la posibilidad de casarse, iniciar una empresa o abordar con seriedad los estudios espirituales.
El 4 de un 8 habla de la concreción económica, según el juego de premios y aprendizajes que propone esta vibración kármica. |

	El 4 de un 9 cierra un ciclo donde lo que no se obtuvo antes, deberá lograrse ahora, cueste lo que costare, para poder seguir adelante con nuevas perspectivas.
5	Este número marca un período de 5 años donde predominarán las vibraciones que llevan a la inmediata adecuación a los cambios rápidos e imprevistos, tendencia a los excesos (alcohol, drogas, comida, sexo), tanto se trate de consumir todo o de no consumir nada pues, queda claro que el exceso contempla las actitudes que no son medidas o controladas. También caracteriza a este número la aparición de un halo de seducción y de una etapa propicia para viajes, tendencia en ciertos casos a los ataques cardíacos, cerebrales, etc., lo cual entra en los imprevistos de los que hablábamos, pérdidas de embarazos o recrudecimiento sorpresivo de dolencias preexistentes. También pueden darse separaciones de parejas o de sociedades, en forma abrupta. Ya hemos analizado las vibraciones del 1 de un 5; el 2 de un 5; el 3 de un 5 y el 4 de un 5. El 5 de un 5 potencia y cierra esta vibración en toda su fuerza. Claro está, que la lectura estará coordinada con todas las vibraciones que hemos ido leyendo, puesto que sabemos que un estudio numerológico es la traducción de un conjunto y no de una individualidad. Hasta aquí, el ciclo de 5 años en un número 5, pero esta vibración también estará presente en los otros "paquetes" numéricos. Así vemos que: El 5 de un 6 nos habla de cambios imprevistos en el hogar, en el servicio material o espiritual que se brinde, o en la salud del consultante o la familia. El 5 de un 7 propone cambios rápidos en la comprensión o dirección de los estudios o investigaciones, en las empresas o dentro del matrimonio. También puede propender a depresiones sin causa aparente. El 5 de un 8 indica acontecimientos imprevistos, el regreso de gente que hacía mucho tiempo que no veíamos, situacio-

nes no resueltas que aparecen otra vez, fallecimiento o enfermedad de personas; todo lo cual nos lleva a reflexionar acerca del juego de aciertos y errores que propone el 8 definido como kármico.

El 5 de un 9 marca un fin de ciclo con cambios importantes que proponen un nuevo rumbo en la vida. En este momento, también pueden darse en forma sorpresiva premios no esperados seguidos de nuevas pruebas a sortear.

6	Este número marca un período de 6 años donde predominará la necesidad del calor del hogar, la entrega al otro en forma solidaria e incondicional, en la búsqueda del servicio amoroso. También la terquedad y obstinación querrán imponer sus propias condiciones, ateniendo a la necesidad de establecer un entorno armónico; esto mismo, al vibrar como frustración —pues no poder hacer funcionar a todos según lo que él precisa— puede provocar enfermedades. Durante este período es casi imposible que el consultante se aleje de su entorno familiar y, menos aún, que exista un divorcio o una separación. Si lo propone la otra parte, el que atraviesa por un 6 luchará para revertir la situación.

Ya hemos visto el tránsito del 1 de un 6; del 2 de un 6; del 3 de un 6; del 4 de un 6 y del 5 de un 6.

El 6 de un 6 cierra el ciclo de 6 años potenciando todo lo positivo y lo negativo de la vibración.

El 6 de un 7 destaca la necesidad de reforzar el amor de la pareja en el hogar y el matrimonio. Si no está casado, en este momento aparecerá un fuerte deseo de formalizar. En cuanto a los estudios y las investigaciones, se volcarán al servicio solidario.

El 6 de un 8 habla de la vuelta de los errores cometidos en las relaciones con los otros y en el hogar, para tener la oportunidad de sanarlos. También habla de los logros que se obtienen gracias a las acciones que se vivieron en forma acertada.

El 6 de un 9 vibra en función de pruebas a sortear en la salud, el hogar y el entorno, luchando por mantener un estado armónico.

7	Este número marca un período de 7 años en el cual vibrará la necesidad de estudiar, investigar, ahondar en el conocimiento místico, en lo filosófico, en los procesos de la lógica y la introducción a lo fenomenológico. También tomará fuerza el matrimonio como institución. Si es menor de edad, la fuerza estará en el matrimonio de sus padres; si es mayor pero soltero, surgirá la urgencia de casarse y, si está casado, el primer lugar en los intereses estará puesto en su matrimonio. Otro aspecto a tener en cuenta es la posibilidad de sentir por momentos estados depresivos, aunque se trate de individuos equilibrados; en los que tienen alteraciones emocionales se deberá cuidar este aspecto, puesto que pueden caer en depresiones severas. Los estados depresivos suelen sobrevenir debido a que esta vibración lleva a la introspección, lo cual en su aspecto positivo debería servir para ir hacia adentro, reflexionar y volver a salir renovado en pensamiento y acción. Por lo general, conduce a la melancolía y a los estados depresivos y pocas veces a un cambio productivo. En el tránsito de un 7, también podemos decir que resulta difícil que una pareja se separe. Este número puede propulsar la formación de empresas o renovar o reafirmar la que ya se tenía.

Ya hemos visto el tránsito del 1 de un 7; del 2 de un 7; del 3 de un 7; del 4 de un 7; del 5 de un 7 y del 6 de un 7.

El 7 de un 7 potencia todo lo positivo y lo negativo del número, por lo tanto, se deberá estar muy atento para poder mantener el equilibrio y aprovechar al máximo sus posibilidades. Hasta aquí el ciclo de 7 años, pero el 7 también transita los "paquetes" de los otros números. Así:

El 7 de un 8 habla de la devolución kármica, juego de avances en todo lo que se resolvió con bien y de reencuentro con aquello que no se pudo solucionar en su momento. Esa devolución pondrá énfasis en el matrimonio, la empresa, los intereses intelectuales, espirituales y los estados emocionales antes mencionados.

El 7 de un 9 indica momentos de premios seguidos de pruebas que influyen en las áreas ya mencionadas, teniendo en

	cuenta que dichas pruebas tienen como objetivo la evolución y el crecimiento.
8	Este número señala un ciclo de 8 años en la vida del consultante. La vibración predominante es la que repercute en los actos de la vida, puesto que el 8 es en sí mismo un número kármico, entendiendo por esto que es aquel que porta la enseñanza desde un lugar de gran sabiduría y con enorme fuerza. Transitar un 8 expone al individuo a enfrentarse a sus errores para repararlos, a sus odios para sanarlos, a su desvalorización para aprender a bendecir sus aspectos positivos y poder así revertir su postura. También para aceptar sus aciertos, no para envanecerse sino para gozarlos con amor y saber, superando los engaños del ego. Este esfuerzo puede repercutir en el físico, enfermándolo y, en algunas oportunidades, llevándolo a someterse a cirugías. Pero también este nuevo potencial que se despierta, es el ideal para dejarse llevar por la atracción de lo esotérico y bucear con respeto y responsabilidad en las inexplicables aguas de lo oculto. Ya hemos conocido la forma de vibrar del 1 de un 8; del 2 de un 8; del 3 de un 8; del 4 de un 8; del 5 de un 8; del 6 de un 8 y del 7 de un 8. El 8 de un 8 cierra el ciclo y potencia todas sus características. Es un momento en el que es necesario permanecer despierto para valorar los acontecimientos. Hasta aquí, el ciclo de 8 años bajo la influencia del 8, pero éste también vibra como: El 8 de un 9, marcando las pruebas kármicas necesarias en el proceso evolutivo que puedan dispararse dentro del gran abanico de posibilidades que nos presenta esta vibración.
9	Este número es el que señala las mayores exigencias. Presenta períodos de pruebas muy fuertes que se enfrentarán sin tener la posibilidad de evadirlas. Esto no deberá ser interpretado como un castigo, sino como un ejercicio intenso evolutivo, puesto que a cada prueba atravesada con inteli-

> gencia y amor, le sucederá un premio de la misma envergadura. Por esto, también se podrán presentar durante este tiempo, contactos con personas influyentes y grandes posibilidades de progreso. En este período, es común que sobrevengan pérdidas (propiedades, seres queridos, embarazos, etc.). Por lo general, quien se casa durante el tránsito de un 9 es probable que también se separe o enviude durante ese u otro 9. La sensación predominante es la de cerrar en forma completa un ciclo de vida para comenzar otro, libre de sobrecargas en el alma y en las emociones. Cuando aparecen, como en el caso que anteriormente analizamos (Mario), dos 9 juntos, decimos que nos encontramos ante "la bajada del Ángel", debido al intenso trabajo a desarrollar durante 18 años de la vida. Cuando aparecen tres 9 (999), decimos que nos encontramos ante "el dedo de Dios", el cual vibrará empujando la evolución personal durante 27 años en forma ininterrumpida.
> Ya hemos analizado el 1 de un 9; el 2 de un 9; el 3 de un 9; el 4 de un 9; el 5 de un 9; el 6 de un 9; el 7 de un 9 y el 8 de un 9.
> El 9 de un 9 potencia en su máxima expresión la vibración del 9, obligando al consultante a mantener el estado de alerta permanente para superar las pruebas y aceptar los premios.

- **La primera letra con la que comienza el nombre**

El primer nombre de una persona es de vital importancia, puesto que la vibración de la primer letra de ese nombre marcará la tendencia predominante en esa vida.

Ejemplo:

```
N  O  R  A
5  6  9  1
```

NORA comienza con N, o sea que la vibración predominante es la del 5. De la tabla correspondiente obtenemos que la tendencia de Nora será a seducir y gustar, ya sea en forma consciente, como de manera inconsciente. El riesgo de cometer excesos. La necesidad de viajar, que alimenta el espíritu aventurero. El desarrollo de la creatividad. El impulso revolucionario. Es probable que en algunas personas estas tendencias sean ahogadas debido a educaciones rígidas, signadas por la culpa, y entonces toda esa represión puede repercutir en el organismo o en la estructura psíquica.

Es evidente que, al analizar a una persona, deberá tenerse en cuenta la vibración de la primera letra, pues ésta marcará su característica predominante. También tiene su importancia considerar al consultante que cotidianamente no usa su primer nombre sino el segundo, el tercero, o que por costumbres de grupos sociales, es nombrado por su apellido o por un apodo. En tales casos, será considerada también, la primera letra del nombre en uso y se podrá sugerir cuál sería el nombre con la vibración más benéfica.

TABLA 16	
SIGNIFICADO DE LOS NÚMEROS PARA LA PRIMERA LETRA DE LOS NOMBRES	
N°	**Significado**
1	Este número al comienzo del nombre aporta una sensación de soledad, de esfuerzo personal, de necesidad de abrir nuevos rumbos y buscar nuevos horizontes. Ésta será una constante en su vida, sean cuales fueren las vibraciones por las que esté atravesando.

2	Este número al comienzo del nombre revela la predisposición a un comportamiento dual, plagado de miedos e indecisiones. Deberá luchar evolutivamente frente a esta tendencia, para convertirla en una vibración de acompañamiento que permita, también, la apertura de la percepción y la intuición.
3	Este número al comienzo del nombre aporta la necesidad de abrirse a la comunicación, tanto en el entorno cercano como ante grupos humanos. La música tendrá un lugar importante en su vida, así como los medios de comunicación y las letras. Es importante que no pierda energía soñando, sino concretando lo que proyecta.
4	Este número al comienzo del nombre habla de una niñez difícil, marcada por situaciones de displacer que no pueden olvidarse, ya sea porque se desarrollaron hechos desagradables en la familia o en el entorno en esos momentos, o porque la familia de origen no respondió a las necesidades que requería la sensibilidad del portador del nombre. Esto genera como respuesta, trabajar para crear su propio mundo, concretando el proyecto de vida que su alma en evolución, pide.
5	Este número al comienzo del nombre habla de la tendencia a seducir y gustar. Esto puede lograrse aun a costa de las propias necesidades. También deberá evitar los excesos y que su espíritu aventurero no lo embarque en situaciones de riesgo. Sería importante dar rienda suelta a la creatividad —que será un ancla fuerte y positiva— y aceptar las posibilidades que aparezcan de viajar y conocer nuevos sitios.
6	Este número al comienzo del nombre aporta terquedad, obstinación, amor al hogar y la familia, necesidad de servir desde el alma a otros y la búsqueda de la armonía. También habla de prestarle atención al físico, porque está predispuesto a enfermedades o dolencias, tanto sean reales como imaginarias.

7	Este número al comienzo del nombre habla de niños que, por lo general, no dan problemas en el estudio, rinden con facilidad en la escuela primaria, secundaria y en la universidad. Todo inconveniente que se presente, se deberá a problemas emocionales y no a falta de capacidad. La necesidad de investigar, aprender, buscar, etc., continuará toda la vida. Deberá cuidar la tendencia a la depresión, que puede ocasionarle trastornos orgánicos y problemas con los afectos.
8	Este número al comienzo del nombre aporta una energía potente que empuja los acontecimientos de la vida. Cuidado, puesto que esta energía no debe convertirse en agresión. También vibra la necesidad de incursionar en los misterios que se esconden en lo esotérico. Navegar en las aguas de lo desconocido es un desafío irresistible que deberá aceptadose con prudencia.
9	Este número al comienzo del nombre habla del desafío de enfrentar permanentemente pruebas que aceleran el proceso evolutivo, aprendiendo a recibir también premios, según el éxito en la empresa. El objetivo más fuerte apunta al engrandecimiento de la fe y a entender los caminos de la alta espiritualidad.

Es importante recordar que esta tabla habla de la tendencia general que vibrará durante toda la vida de una persona. Por supuesto, su lectura se combinará con las otras vibraciones resultantes de los restantes números del estudio total.

Capítulo 6
Etapas, ciclos y metas

Continuando con la lógica del muestreo, se analizarán las etapas, ciclos y metas en la vida de una persona. Dentro de las etapas se desarrollarán ciclos y se tenderá a alcanzar metas. Como siempre, recurriremos a un ejemplo, para facilitar la comprensión.

Ejemplo:

El dato base para el cálculo es la fecha de nacimiento del consultante. Supongamos que sea:

$$12 \,/\, setiembre \,/\, 1966$$

Encontraremos primero los Ciclos de vida luego las Metas y finalmente las Etapas.

- **Ciclos de Vida**

Ciclo 1: El primer ciclo toma el valor del dígito del mes en que nace la persona. En este ejemplo es el **9**.

Ciclo 2: El segundo ciclo está identificado por el dígito del día en que nació esa persona. En este caso es el **3** (recordemos que los números se reducen a un dígito simple, por lo tanto 12 es igual a 1 + 2 = 3).

Ciclo 3: Este Ciclo se toma siempre igual al segundo. En nuestro caso: **3**.

Ciclo 4: Siempre es igual al Ciclo 3 durante los 9 primeros años. Luego, toma el valor del número del año de nacimiento del consultante reducido a un dígito, o sea:

$$1 + 9 + 6 + 6 = 22 = 2 + 2 = \mathbf{4}$$

- **Metas de Vida**

Meta 1: La primera meta se calcula restando del dígito del mes, el dígito del día. O sea:

$$9 - 3 = \mathbf{6}$$

Meta 2: La segunda meta resulta de restar del dígito del año, el dígito del mes. O sea:

$$4 - 3 = \mathbf{1}$$

Meta 3: La tercera meta se calcula restando al dígito de la Meta 1, el de la Meta 2. O sea:

$$6 - 1 = \mathbf{5}$$

Meta 4: La cuarta meta se obtiene restando al dígito del mes, el dígito del año. O sea:

$$9 - 4 = \mathbf{5}$$

- Si la resta da número negativo (ej.: 1-6) se obtendrá el resultado 5 sin tener en cuenta el signo – (menos).

- **Etapas de Vida**

Para calcular las Etapas de la Vida se deberá recurrir a un número clave, el **36**.

Primer Período: Para saber la cantidad de años durante los que se extenderá este Período, recurrimos al siguiente cálculo: al número clave le restamos el número –reducido a un dígito– de la vibración kármica. O sea:

$$12 + 9 + 1966 = 43 = 4 + 3 = 7$$

Por lo tanto:

$$36 - 7 = \mathbf{29}$$

Diremos entonces que, el Primer Período, abarcará desde que nace el consultante hasta los 29 años.

El valor numérico que identifica a esta Etapa se obtiene sumando los dígitos correspondientes al día y al mes. O sea:

$$3 + 9 = 12 = 1 + 2 = \mathbf{3}.$$

Segundo Período: La duración del Período se obtiene sumando al año siguiente de la edad calculada en el Período 1, el dígito del año de nacimiento. O sea:

$$30 + 4 = \mathbf{34}$$

que implica que durará de los 30 a los 34 años del consultante.

Haciendo la suma del dígito del día y del dígito del año obtenemos que la Etapa estará caracterizada por:

$$3 + 4 = \mathbf{7}$$

Tercer Período: Contamos siempre un Período de **9** años, es decir de los 35 a los 43 años y sumamos los valores correspondientes a las Etapas de los 2 primeros Períodos:

$$3 + 7 = 10 = 1 + 0 = \mathbf{1}$$

Cuarto Período: Contamos Períodos de **9** años: desde los 44 a los 52, desde los 53 a los 61, etc. y realizamos la suma del dígito del mes y del dígito del año de nacimiento del consultante para obtener el número de la Etapa:

$$9 + 4 = 13 = 1 + 3 = \mathbf{4}$$

El cuadro completo se plasma de la siguiente forma:

Período	Edades	Etapa	Ciclo	Meta
Primero	0 a 29	3	9	6
Segundo	30 a 34	7	3	1
Tercero	35 a 43	1	3	5
Cuarto	44 a 52	4	3	5
	53 a 61		4	

Tan sólo resta buscar en la tabla siguiente los significados correspondientes.

TABLA 17	
SIGNIFICADO DE LOS NÚMEROS EN ETAPAS, METAS Y CICLOS	
N°	**Significado**
0	Fin de un período. Es la limpieza absoluta, la finalización de una forma de vida para comenzar otra. La vuelta completa para iniciar otra vuelta kármica. Momento de total renovación que hasta puede marcar la muerte; esto no debe ser considerado tan sólo como la muerte física, sino también como la muerte y resurrección del ser en sus estadios evolutivos. Cuidado con el sistema nervioso, puesto que estos movimiento de destrucción y construcción movilizan las emociones y pueden accionar en forma irresponsable. El momento es positivo, si se obra con sabiduría, viendo la evolución que los acontecimientos provocan.
1	Independiente, individual, emprendedor. Capacidad de liderazgo. Podrá contar solamente con su capacidad para resolver situaciones o iniciar emprendimientos.
2	Se prioriza el espíritu colaborador. La diplomacia será su forma de manejarse en toda situación que se presente. No es un momento propicio para que se acepte formar parte de una sociedad; es preferible trabajar para otros o con otros en forma cooperativa. Su paciencia será puesta a prueba en este período, tanto en la relación con los demás como en las relaciones de pareja. Se potencian la percepción, la sensibilidad y el interés por los temas espirituales, esotéricos y ocultos.
3	Beneficios en el área económica. Predominio de la creatividad, tanto en las artes plásticas como en las letras o en las distintas formas de comunicación.

4	Necesidad de hacer funcionar una mente práctica que le permita acceder al bienestar que anhela en lo concerniente a lo material, venciendo las dificultades que se le presenten, pero sin dejar de lado el aspecto espiritual.
5	Tiempo de cambios rápidos a los que costará adaptarse. Será un momento de mucha actividad, durante el cual ganará y perderá. No deberá detenerse, puesto que todo se convertirá en aprendizaje. Se retirarán personas de su entorno y vendrán nuevas. Terminarán situaciones para dejar paso a otras. En este tiempo, deberá estar atento para poder actuar con sabiduría y templanza.
6	Esta vibración tiende al cuidado de lo hogareño: niños, ancianos, economía del hogar, tratando de desempeñar esta tarea con amor y evitando las actitudes tiránicas y obstinadas. En lo externo, la tendencia lo lleva al servicio al otro con la sensación de alcanzar la felicidad en ese servicio, o sea, al ver felices a los demás, usted también lo será. A nivel económico, avanzará con la constancia y el trabajo diario, con esfuerzo y dedicación. Esta vibración busca refugio en el hogar, por lo tanto, si el consultante es soltero, aparecerá la necesidad de casarse y establecer su lugar.
7	Necesidad de aislarse para poder hacer una profunda introspección, ya que la necesidad imperante se vuelca hacia la investigación, sea ésta de naturaleza científica, filosófica, mística o de las ciencias ocultas. No descuide en estos períodos los intereses materiales, para no experimentar la pérdida de dinero. Es también un buen momento para ejercitar la paciencia, la templanza y la reflexión de modo de evitar las depresiones.
8	Cuidado con la fuerza del 8, ya que estará direccionada hacia lo económico y la búsqueda de ganancias materiales. Esto puede desequilibrar su sistema nervioso y afectar su cuerpo,

	con el riesgo de tener que someterse a operaciones quirúrgicas. Aproveche la fuerza, oriéntela y evite convertirla en agresión.
9	Época de grandes retribuciones, si se ha actuado en la vida en forma desprendida y poco interesada, con amor y alegría en el corazón. Pero si por el contrario, se ha habido odios, resentimientos, intereses ocultos, envidias y sentimientos malsanos, será un tiempo de desdichas a todo nivel. En el juego de premios y pruebas de este número, se gana evolución y la oportunidad de ver los errores para poder revertirlos.
11	Este Número Maestro posibilita que todo el conocimiento genuino que se posee sea volcado en los demás. Los otros esperarán mucho de usted. No los defraudará, debido a que cuenta con una mente luminosa y una gran clarividencia sumadas a un gran amor.
22	Este Número Maestro trasciende las fronteras del mundo, para brindar su luz a todos los hombres, llevando el mensaje de la evolución y teniendo en cuenta que el hombre es el conector entre el Cielo y la Tierra. Por lo tanto, no debe pensar en el Cielo sin tener en cuenta también a la Tierra, lo espiritual también se apoya en lo material. Tanto es así que el mensaje se apoya en un cuerpo que lo porta y al que habita un alma.
33 y 44	Estos Números Maestros potencian el concepto anterior, puesto que su trabajo consiste en captar las conciencias del hombre, en todo el planeta, para colaborar en el gran proceso evolutivo.

Capítulo 7
Ciclos numerológicos de 40 dias

Para aumentar la cantidad de "muestras" que tomamos de la vida del consultante, recurrimos al método de los Ciclos Numerológicos de los 40 días.

A fin de aplicar este procedimiento, se divide el año de vida en 9 ciclos de 40 días cada uno. A partir del día del cumpleaños, se cuentan 40 días hacia adelante, definiendo así el ciclo número 1. Luego 40 días hacia delante, definiendo el ciclo número 2 y así sucesivamente, hasta completar los 9 ciclos.

Cada ciclo estará caracterizado por los significantes expresados en la siguiente tabla.

TABLA 18	
SIGNIFICADO DE LOS CICLOS DE 40 DIAS	
Ciclo N°	Significado
Ciclo 1	Su regente es el Sol. Marca las iniciativas, la voluntad, la energía suficiente para emprender nuevos caminos, la creatividad, la necesidad de independencia, la habilidad, la

	capacidad de resolución de las situaciones problemáticas que se presenten. La atención deberá ser focalizada en evitar los arranques de orgullo, egoísmo, soberbia, exigencia desmedida, puesto que esto devendrá en soledad y en pruebas emocionales.
Ciclo 2	Su regente es la Luna. Por lo tanto se deberán controlar las emociones que en este período podrán desbordarse con facilidad. La sensibilidad estará en un punto crítico y la tendencia a la depresión será fuerte. Será importante evitar las conductas duales e inseguras, tratando de mantener el estado de templanza, observando los procesos internos y reconociéndolos como un paso de crecimiento y no como un detenimiento.
Ciclo 3	Su regente es Júpiter. Apertura y comunicación que depararán crecimiento en todos los aspectos. Propicio para los viajes y para conocer gente que aportará nuevas enseñanzas y experiencias. Es importante aprovechar los beneficios de este momento y no malgastar energías dispersándose en movimientos inútiles.
Ciclo 4	Su regente es Saturno. Período de definiciones en todas las áreas, con la necesidad de ver en lo concreto, todo lo que se gestó en el mundo de las ideas, construyendo sobre cimientos sólidos, paredes firmes. Es importante no dejarse llevar por la obsesión del triunfo, porque se podrá dejar de ver otros aspectos de la vida que también merecen ser tenidos en cuenta.
Ciclo 5	Su regente es Mercurio. La creatividad estará funcionando a pleno, abriendo los sentidos y la mente. Será un momento de cambios imprevistos, que pondrá a prueba la adaptabilidad y la velocidad de respuesta. El deseo sexual se potenciará y la seducción jugará un rol preponderante. Se deberán canalizar estas energías en ideas creativas, para evitar caer en excesos de todo tipo.
Ciclo 6	Su regente es Venus. En este período, lo preponderante será puesto en el hogar, haciendo que éste se vea bello, conforta-

	ble y acogedor. La búsqueda de las verdades ontológicas, lo Verdadero, lo Bello y lo Bueno, marcará este momento, para el logro de la armonía tan preciada. Así también, nacerá la necesidad de brindarse a los demás en una fuerte actitud de servicio. Será de vital importancia evitar ser tiránico ante quienes no piensen como usted, o ponerse en actitudes tercas y requerimientos obstinados.
Ciclo 7	Su regente es Urano. Surge la necesidad de reunirse con seres afines a la investigación filosófica y las Ciencias de lo Místico. Este período lo inducirá a la introspección, adentrándose en su yo más profundo para después poder salir enriquecido por la experiencia. En estos momentos será importante evitar caer en depresiones o en un estado emocional cambiante.
Ciclo 8	Su regente es Marte. Nuevas energías, muy potentes, acompañarán este ciclo, por lo que se podrá sentir cierta irritabilidad y por momentos, estados de agresión al no poder controlar estas fuerzas. No hay que dejarse llevar por estas sensaciones, por el contrario, será importante organizar la potencia para poder utilizarla en el propio beneficio con determinación y objetivos. Este es un período kármico, en el que se recogerá lo que se sembró y que requiere de sabiduría para reconocer los aciertos y los errores y aprovechar las enseñanzas.
Ciclo 9	Su regente es Neptuno. Período en el que deben primar la comprensión, la generosidad, la elevación espiritual para afrontar los cambios que devendrán en crecimiento y permitirán el alcance de los logros esperados.
Ciclo 0	Su regente es Plutón. Este período actúa en los últimos 5 días anteriores al cumpleaños. Es importante tratar de no tomar decisiones en este momento, evitar firmas o cuestiones legales y controlar una sensación de nerviosismo que prevalecerá. La idea de este ciclo es ponerse a la espera del parto que se producirá en corto tiempo y que conllevará una reestructuración, la que precederá al día del cumpleaños.

Día del cumpleaños: Es de fundamental importancia vivir este día con alegría, fuerza y esperanza, tratando de estar atento a los acontecimientos para poder transmutar lo negativo en positivo, ya sea en la acción como en el pensamiento, logrando así un mecanismo alquímico. El desafío será mantener esa alquimia durante todo el año que, en ese momento, se inicia.

A partir del día del cumpleaños, recomienza a contarse el ciclo número 1.

Capítulo 8
La Kabaláh

Continuando, una vez más, con la lógica del muestreo utilizaremos ahora el método de la Kabaláh.

Se trata de una versión occidentalizada de los conceptos kabalísticos de la antigüedad, recreada por el Método Pitagórico, que recorre el mapa vibracional del individuo en períodos de 9 años, permitiendo un nuevo muestreo que se suma a los otros que fuimos desarrollando a través de nuestro trabajo.

PROCEDIMIENTO

Como siempre, se comienza con el nombre completo del consultante, pero en este caso para el estudio de la Kabaláh, se tienen en cuenta las 9 primeras letras.

Así, es probable que no sólo aparezca el primer nombre, sino también parte del segundo o, en su defecto, si no existe un segundo nombre, parte del apellido.

Luego se establecen tres lecturas: una horizontal, una vertical y una en diagonal.

Pasemos ahora a desarrollar la metodología correspondiente, mientras utilizamos el ejemplo que acompañamos para ganar claridad en el proceso.

Sea nuestro consultante José Antonio Pérez, de 41 años de edad.

JOSÉ ANTONIO PÉREZ

41 años

a) Escribimos en una hoja rayada las 9 primeras letras del nombre completo del consultante ("JOSEANTON" en nuestro caso), dejando un espacio equivalente a un renglón arriba, así como un espacio a la derecha de las 9 letras.

b) En el renglón que dejamos libre sobre "JOSEANTON", escribimos los períodos de 9 años a contar desde el nacimiento en posición alternada respecto de las de las letras, tal como se indica. El último período es el que comienza a los 72 años y dura hasta el final de la vida.

c) De la tabla de equivalencia entre letras y números, buscamos los valores correspondientes a las 9 letras y los anotamos debajo de ellas, tal como se muestra.

d) Sumamos el primer valor con el segundo y lo anotamos en otro renglón por debajo del anterior y entre las letras que han sido sumadas. Se continúa haciendo lo mismo con las restantes letras. Véase el ejemplo.

e) Una vez terminado este paso, se reducen aquellos valores que sean superiores a 9, utilizando la metodología descripta en los primeros capítulos de este libro y se anotan los valores en un nuevo renglón en posiciones coincidentes con las anteriores, tal como se muestra. Este renglón pasará a ser el válido, de ahora en más.

f) Se repiten los 2 pasos anteriores hasta obtener un solo número, tal como se indica.

g) En el espacio que dejamos a la derecha de las 9 letras y en forma vertical, comenzando en el primer renglón con valores numéricos, repetimos la secuencia de períodos de 9 años, como se muestra.

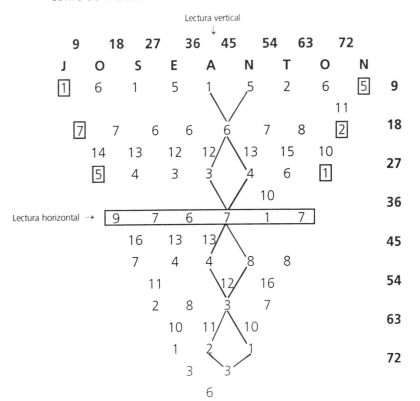

h) Buscamos ahora la fila y la columna que se correspondan con la edad sobre la que el consultante desea tener información. En nuestro caso, supongamos que el consultante desea investigar acerca de las tendencias durante sus actuales 41 años.

i) Buscamos en la columna de períodos de 9 años, en qué fila (lectura horizontal) están contenidos los 41. Se toma la línea horizontal de los 36 años que vibrará durante los 9 años siguientes hasta los 45.

j) Buscamos en la fila superior, la columna correspondiente a la edad en cuestión. En este ejemplo, bajamos en vertical desde la A, atendiendo a la posición que le correspondería a los 41 años, marcando las lecturas que deberán realizarse, tal como se indica.

k) En el costado izquierdo del diagrama, obtenemos una diagonal que baja desde la J (1), hasta el 9 con el que comienza la horizontal correspondiente a la edad en análisis.

l) En el costado derecho del diagrama, obtenemos una diagonal que baja desde la N (5), hasta el 7 con el que termina la horizontal correspondiente a la edad en curso.

m) Tomando como referencia la tabla de "Interpretación de los Números de la Kabaláh" comenzamos por analizar las tendencias marcadas por los valores de la línea horizontal correspondiente a la edad en consideración. La lectura nos habla de un período donde vibra una buena tendencia para que florezcan los proyectos y las ideas (9), dando lugar a la formación o la reformulación positiva de una empresa (7), donde el matrimonio se ve beneficiado económicamente o, si no está casado, se plantea seriamente esta posibilidad (6) (7). La personalidad brilla ocupando un lugar de privilegio, aunque también puede darse una pérdida que aporte una sensación de soledad (10/1), llevando a que se necesite de una introspección profunda para consolidar los cambios (7).

n) Tomando ahora la lectura vertical de acuerdo con el trazado que hemos indicado, leemos que él, (1), después de haber pasado por movimientos de cambio e imprevistos (5) y de haber tolerado pruebas en lo económico y en el hogar (6), puede abrirse a la comunicación (3); concreta una gran trasmutación (13/4) tanto en el nivel de los emprendimientos empresariales como en su matrimonio —si estuviese casado— (7), haciendo profundos cambios y llevándolos a cabo (13/4), gracias a que maneja con sabiduría los beneficios económicos (8), los cuales redundarán a favor de sus afectos (12/3, 11/2); culmina en una sensación de plenitud individual (1) que le permitirá abrir de una manera más exitosa su comunicación (3).

o) Tomando la diagonal izquierda, leemos que la personalidad se abre paso en un impulso positivo (1), donde la reflexión (7) ayuda a potenciar los cambios que consiguen subvertir el orden establecido para permitir un nuevo orden (14/5) y hacer florecer todo aquello que ya está maduro para plasmarse (9).

p) Haciendo lo mismo con la diagonal de la derecha, leemos que los cambios que se producen (5), en el nivel de afectos y asociaciones (11/2), colaboran en los inicios positivos y en el fortalecimiento del Yo (1), lo que posibilita las concreciones empresariales o de compromiso matrimonial (7).

TABLA 19
INTERPRETACIÓN DE LOS NÚMEROS DE LA KABALÁH

Nº	Significado
1	Este número vibra trayendo inicios, reconocimientos, independencia, autonomía en el criterio y en la acción, evitando dejarse llevar por la soberbia o la omnipotencia, puesto que esto lo llevará indefectiblemente a la soledad y el fracaso. En su otra faz, puede indicar la posibilidad de pérdidas, por impulsos incorrectos o pérdidas afectivas de toda naturaleza. El 1 casi siempre se obtiene de un 10.
2	Este número habla de asociaciones, ya sea comerciales o afectivas. Casi siempre el 2 es consecuencia de un 11, que nos dice que toda acción debe desarrollarse a partir de una actitud de maestría, donde la cabeza y el corazón deben marchar juntos y en armonía para intentar arribar a los mejores resultados. Si el 11 se desprende de la suma de un 2 y un 9, el acento se pondrá en cuidar la asociación, puesto que aquí vibra la fuerte posibilidad de traiciones y estafas. Si en la Kabaláh de una persona aparecen muchos 11/2, se estaría hablando de una tendencia vibracional que atrae envidias, recelos y energías poco propicias y malintencionadas.
3	Este número habla de los hijos, ya sea propios o adoptados, o de discípulos o seguidores. La palabra vibra en el 3 como así también la creatividad que comunica y atrae. Es importante utilizar con sabiduría esta capacidad, tratando de no comentar todo, para evitar que se dispersen las energías, o la entrada en sus planes de personas que deseen obstaculizarlos.
4	Este número vibra como la necesidad de concretar, de ver plasmado todo aquello que aparecía como un proyecto o una idea. También habla de trabajo con remuneración. Si

	viene de un 13, indica la concreción de un cambio muy profundo, sea desde lo afectivo como desde lo vivencial. Si el 4 proviene de un 22, habla de la trascendencia de los esfuerzos y del trabajo con un reconocimiento importante. Si en el mismo renglón horizontal se alinean dos o más cuatros, predominarán las demoras y los obstáculos.
5	Este número habla de cambios sorpresivos a los que se deberá responder con rapidez y sabiduría, potenciando el caudal creativo para mejorar los resultados. Si el 5 viene de un 14, indica un momento en donde se manifiesta la necesidad de subvertir el orden establecido, para generar un gran cambio desde lo profundo, a fin de emerger con mayor fuerza y experiencia. Si el 5 viene de un 23, los cambios serán apoyados por gente bien intencionada del entorno. Si el 5 viene de un 32, habla de comunicar a los demás esos cambios y sus beneficios. Si en el mismo renglón horizontal se alinean dos 5, indica la posibilidad de la aparición de hechos muy fuertes que llegan en forma sorpresiva y revolucionarán la vida. Si en lugar de 2, son tres 5, se podría decir que la tendencia marca la posibilidad de escándalo público con intervención policial.
6	Este número habla de la búsqueda de la armonía y la necesidad de refugiarse en el hogar o hacer del sitio donde se vive un espacio con calor y afecto donde habite el amor. Más de un 6 juntos en la línea horizontal, indican que se deberán sortear obstáculos e inconvenientes en asuntos concernientes a los negocios y los afectos. Si el 6 viene de un 33, dice que todo estará bien; momento de plenitud con un sentimiento de avance.
7	Este número habla de un despertar en la búsqueda de nuevos horizontes en la investigación, sobre todo en lo concerniente a lo filosófico, lo místico y lo psíquico. Indica también un buen momento para concretar o renovar una

	empresa o un matrimonio. Necesita de instantes de soledad reflexiva en los cuales la introspección enriquezca las ideas. Más de un 7 juntos en la línea horizontal, marca la posibilidad de una internación psiquiátrica, o por enfermedad, o cárcel, es decir, potencian el concepto de encierro. Si el 7 viene de un 16 habla de accidente importante.
8	Este número revela la fuerza de lo esotérico que obliga más que ningún otro a desplegar la sabiduría para poder sortear las trabas y obstáculos que se imponen con el objetivo del crecimiento espiritual. Las pruebas pueden estar relacionadas con la salud, la vida, la justicia; pero actuando con lucidez y armonía, pueden ser superadas. También habla de los logros económicos logrando el equilibrio entre lo material y lo espiritual. Si el 8 viene de un 44, se marca la posibilidad de trascendencia a través del trabajo y el talento. Más de un 8 juntos en la línea horizontal, indican tendencia a sufrir una enfermedad prolongada.
9	Este número habla de lo que se completa y se concreta expandiéndose y floreciendo, con ganancias económicas. En lo afectivo deberá desplegarse un mecanismo de cuidado para no deslumbrarse ante los logros que se obtienen. Cuidado con las traiciones y las conspiraciones. Más de un 9 juntos hablan de pruebas en la línea horizontal, pero si en la bajada de la línea vertical se dibuja una triangulación de 9 hacia abajo, indica años de pruebas muy fuertes que deberán ser sorteadas a través de la fe.

Capítulo 9
Las vocales y sus mensajes

Presentamos en este capítulo un método para obtener una visión rápida de la tendencias básicas del consultante y que sirve como punto de inicio o como resumen, del estudio más profundo.

PROCEDIMIENTO

Es obvio que, al tener el nombre completo que va a investigarse, lo primero que se presenta ante los ojos son las letras que lo conforman.

Podemos aprovechar lo obvio y hacer una primera lectura rápida, en la cual es factible apreciar un panorama de las tendencias preponderantes de la personalidad del individuo.

Sería interesante, entonces, hacer una devolución basada en esta observación que toma, de las vocales, los datos de las tendencias básicas.

TABLA 20
EL MENSAJE DE LAS VOCALES

Vocal	Mensaje
A	Habla de energía que se direcciona con fuerza a iniciar el movimiento hacia lo nuevo, con audacia, sin temor y haciendo prevalecer su independencia. Es creativa y activa. Si hay "una **A**" en el nombre: Denota seguridad en sus actos. Si hay "dos **A**" en el nombre: Seguramente se esforzará por hacer prevalecer sus opiniones por sobre las de los demás, con inteligencia y autoridad. Si hay "tres **A**" en el nombre: Predominan la individualidad y el desapego. Si hay "más de tres **A**" en el nombre: La tendencia llevará a las actitudesególatras.
E	Gran capacidad de asimilación. Se guía por los impulsos y responde con la acción. Es creativa y su fuerte es la escucha y la comunicación. Si hay "una **E**" en el nombre: Predominan los nervios y el temperamento. Si hay "dos **E**" en el nombre: Anuncia una existencia plagada de sorpresas. Si hay "tres **E**" en el nombre: Prevalecen el movimiento, la dualidad y la falta de compromiso. Si hay "más de tres **E**" en el nombre: Se deberá estar atento para no cometer excesos que perjudiquen a terceros.
I	Esta letra porta una energía que exige un trabajo interior, tanto mental como espiritual, que obliga a activar tanto la inteligencia como la búsqueda del alma y sus patrones. Por lo tanto, es creativa desde lo emocional y lo vuelca a la expresión artística.

	Si hay "una **I**" en el nombre: La sensibilidad se esconde bajo una máscara de fortaleza. Si hay "dos **I**" en el nombre: Las emociones asoman bajo una apariencia de reflexión. Si hay "tres **I**" en el nombre: Se expondrá el temperamento tímido y emocional. Si hay "más de tres **I**" en el nombre: Es importante que busque ayuda para poder adaptarse al mundo en que vive.
O	Esta letra porta la energía del orden, el respeto y la responsabilidad. Es observadora y perfeccionista. Trata de reflexionar desde la madurez, evitando los impulsos. Si hay "una O" en el nombre: Busca el orden en su vida. Si hay "dos O" en el nombre: Busca el orden en su vida y en la de los demás. Si hay "tres O" en el nombre: Trata de imponer tercamente su punto de vista. Si hay "más de tres O" en el nombre: La conducta hacia el entorno será tiránica.
U	Esta letra porta una energía de expansión, abriéndose hacia los demás y hacia el cosmos. Es intuitiva y se preocupa por la humanidad. Puede, de una sola mirada, abarcar el panorama general y verlo desde un punto de vista sabio y espiritual. Si hay "una **U**" en el nombre: Sabiduría y prudencia. Si hay "dos **U**" en el nombre: Visión muy amplia de la realidad universal. Si hay "tres **U**" en el nombre: Visión expansiva del espectro material y espiritual. Si hay "más de tres **U**" en el hombre: La visión se vuelca hacia lo material, olvidando lo espiritual.

Veamos cómo se aplica en un ejemplo:

Sea la consultante:

BLANCA LEONOR IRIGOYEN

En el nombre completo encontramos:

Dos **A**: Tendencia a hacer valer sus opiniones, con inteligencia y autoridad.

Dos **E**: Los acontecimientos sorpresivos son una constante en su vida.

Tres **O**: La terquedad y la obstinación no le permiten actuar con equidad.

Dos **I**: Las emociones y la sensibilidad se asoman desde una apariencia de reflexión y prudencia que esconde lo que se vive como debilidades.

Colección del Canal Infinito

Capítulo 10
Estudio numerológico: Albert Einstein

En el presente capítulo aplicaremos lo trasmitido hasta el momento, utilizando la metodología descripta y, a partir de las tablas, efectuaremos la interpretación correspondiente.

Supondremos que nuestro consultante es Albert Einstein.

Tendremos, así, la oportunidad de aplicar el Estudio Numerológico a una persona que por su trascendencia a escala mundial es conocida por todos, de modo que es posible comprobar la veracidad y potencia del método a través del ejemplo que presentamos.

Consultante: **Albert Einstein**

Fecha de nacimiento: **14 de marzo de 1879**

- **Estudio básico**

Tomamos entonces, tal como fue explicado, el nombre y la fecha de nacimiento como consta en su documento de identidad.

A	L	B	E	R	T		E	I	N	S	T	E	I	N
1	3	2	5	9	2		5	9	5	1	2	5	9	5

22/4   41/5

14 de marzo de 1879

14 / 3 / 1879

5 + 3 + 25/7 = 33 / 6

Vibraciones	Lecciones Kármicas	Planos
VI: 22 / 4	1 = 2	PM: 2
VP: 41 / 5	2 = 3	PF: 5
P: 63 / 9	3 = 1	PEm: 4
NK: 33 / 6	4 = 0	PE: 3
NP: 15 / 6	5 = 5	
	6 = 0	
	7 = 0	
	8 = 0	
	9 = 3	

Interpretemos el Estudio Numerológico hasta aquí:

Número de Karma: 33/6

En su afán de perfección, va a la búsqueda de las verdades ontológicas (lo Verdadero, lo Bello, lo Bueno), procurando un Universo cercano armónico. La tendencia es de entrega total a la humanidad, ofreciendo su talento. Es obstinado, terco y capaz de destruir cuanto aparezca como obstáculo en su camino.

Nació un día 14, cuya suma da 5, por lo que hablamos de una tendencia clara a subvertir el orden establecido. Es el gran revolucionario.

Nació en un mes 3, lo que indica tendencia hacia la comunicación. De hecho, publicó libros con sus teorías y fue profesor.

El año 1879, —que se puede reducir a 25/7— habla de la preferencia por la investigación matemática y filosófica en la que se sumergía y que al mismo tiempo, le provocaba vaivenes emocionales en sus relaciones afectivas.

Vibración Interna: 22/4

Necesidad de trascender las fronteras y abrirse al mundo, marcando claramente sus objetivos y dirigiéndose hacia ellos, siempre en procura del beneficio de todos.

Vibración Paterna: 41/5

Por herencia siente la necesidad de adaptación y búsqueda de cambios, en forma permanente, a través de su trabajo.

Personalidad: 63/9

Marca una relación difícil con el entorno. Autoritario, con tendencia hacia los excesos y los arranques de ira.

Potencial: 15/6

Lo empuja a brindar un servicio a pesar de todas las trabas que aparezcan en el camino.

Lecciones Kármicas

La única lección que trae cumplida de otras vidas es la de haber generado importantes modificaciones en el entorno donde se movía (cinco números 5). Las demás lecciones no fueron cumplidas y vino a hacerlo en esta vida.

Planos:

$$PM = 2$$

Permite suponer una fuerte tendencia hacia la dualidad, lo que se manifestó en todo lo concerniente a su vida afectiva. En su mundo científico convirtió ese 2 en lunar y supo percibir las verdades cósmicas.

$$PF = 5$$

Marca una tendencia a los excesos de todo tipo.

$$PEm = 4$$

Indica tendencia a ser poco demostrativo. Necesidad de seguridad y orden en sus afectos.

$$PE = 3$$

Espíritu de búsqueda incesante que puede llevarlo a lograr un conocimiento superior. Necesidad de investigar dentro de la mayor diversidad posible de tendencias espirituales o religiosas.

Vibración Anual, Dígito de Edad y Tránsito de Letras

Hemos seleccionado algunas fechas clave para investigar la vibración anual, el dígito de edad y el tránsito de letras correspondientes.

Así, para comenzar vemos que el nombre comienza con A (= 1) lo que indica tendencia a la soledad y la sensación de ser él quien debe hacerse cargo de todo, sin posibilidad de delegar en otro.

Año 1895: Viaja a Italia desde Munich, abandonando sus estudios. Admira la obra de Miguel Ángel e impresionado por el arte, comienza a observar las características del movimiento a la velocidad de la luz.

VA: 13 / 4
DE: 16   17
         7   8
              15 / 6

Tránsito de Letras: 5 / 9

Su VA indica que es momento de profunda transformación en su vida, debido a la difícil situación familiar (DE) que lo sujeta a pérdidas y lo abre a cambios imprevistos (tránsito de letras 5/9).

Año 1900: Se casa por primera vez.

VA:	18 / 9	
DE:	21	22
	3	4
	7	

Tránsito de Letras: 1 / 2

La vibración anual (VA) habla de un cierre de ciclo de vida para entrar al matrimonio (DE=7) respondiendo a la vibración de inicio en la pareja que indica el tránsito de letras: 1 / 2.

Año 1905: Expone la teoría de la relatividad especial y los quántums de energía.

VA:	14 / 5	
DE:	26	27
	8	9
	17 / 8	

Tránsito de Letras: 4 / 5

En este momento tan importante de su vida, subvierte el orden establecido cumpliendo con el DE (17/8) en un tiempo, en él, marcado como Kármico, concreta de este modo, cambios revolucionarios como lo marca su tránsito de letras 4/5.

Año 1911: Formula el principio de equivalencia entre un movimiento acelerado y un campo gravitacional.

VA: 11 / 2
DE: 32   33
            5   6
                11 / 2

Tránsito de Letras: 5 / 9

Tanto en el VA (11/2) como en el DE (11/2), la tendencia que gobierna es la maestría, lo cual produce en él y en la sociedad, cambios inesperados (tránsito de letras: 5/9)

Año 1916: Da a conocer su teoría general de la relatividad.

VA: 16 / 7
DE: 37   38
           10 / 1   11 / 2
                3

Tránsito de Letras: 1/5

La vibración anual VA (16/7) nos dice que, desde lo profesional, lo que podría considerarse no lícito cae como un rayo y abre un nuevo rumbo en el conocimiento un DE (3), habla de una comunicación al mundo merced a la cual comienza una época de grandes cambios (Tránsito de letras: 1/5).

Año 1921: Premio Nobel de Física.

VA: 12 / 3
DE: 42   43
            6   7
               13 / 4

Tránsito de Letras: 1 / 1

Desde la vibración anual "12/3", se comunica al mundo la efectivización de transformaciones profundas (DE: 13/4) con un inicio total en el terreno de la Ciencia (Tránsito de Letras: 1/1).

Siguiendo el tránsito de letras, a los 63 años termina el recorrido del nombre completo. Entonces se continúa el estudio, volviendo a comenzar por el número 1 de la letra A del nombre (Albert).

Año 1955: Fallece de un ataque cardíaco, mientras dormía.

VA: 28 / 10 / 1

DE: 76   77

13 / 4   14 / 5

9

Tránsito de Letras: 2 / 9

Por vibración anual (28/10/1) se abre un nuevo ciclo después de haber cerrado completamente otro (DE: 9) y de haber hecho una alianza con lo superior (tránsito de letras: 2/9).

- **Kabaláh**

Apliquemos el estudio a través del método de la *Kabaláh*, a Albert Einstein. Analizaremos aquí, sólo un período de su vida: Aquel que fue el punto de partida de su gran obra.

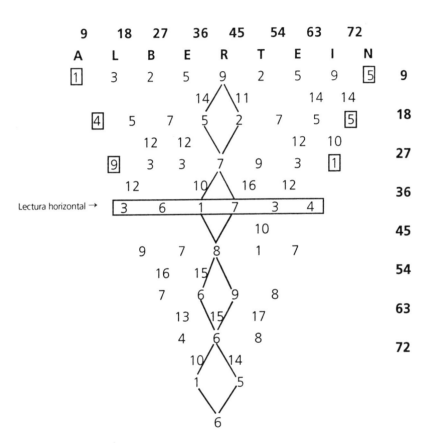

Si observamos el número 1 —correspondiente a la letra A que abre la Kabaláh— y el 5 de la letra N que lo cierra, podemos decir que la tarea más importante que viene a cumplir es la de lograr grandes cambios en virtud de su persona.

Tomamos en la línea horizontal el período que abarca desde los 36 años hasta los 45. Apertura de la comunicación (3), logrando todos los éxitos (6 que viene de un 33) para él (1), rompiendo con todo lo conocido hasta el momento (16/7), mediante la comunicación y la investigación (3) concretada gracias a su trabajo (4).

Si subimos del 4 hacia el 5 en la diagonal, leemos que concreta (4) a través de él (1), una revolución (55).

Bajando por la letra R en vertical, leemos un fin de ciclo (9), con una revolución (14/5) a través de la maestría (11/2) en la investigacción matemática (7) realizada por él (1), rompiendo con lo lícito hasta el momento (16/7) por ley de Karma (8); finaliza (9) con los obstáculos que intentaban desprestigiarlo (15/6), para continuar su servicio atento a nuevos inconvenientes y nuevos obstáculos (15/6).

- **Etapas, Metas y Ciclos**

Concluido nuestro análisis Kabalístico, continuemos buscando más "muestras" con Etapas, Metas y Ciclos. Fragmentando el análisis cada 9 años, podremos ver lo que fue ocurriendo a lo largo de su vida.

Nació el: 14 / 3 / 1879

5+3+25/7 = 33/6

Primer Período: edad – fecha reducida: 36 – 6 = 30. Luego, el primer período abarca hasta los 30 años incluive.

Etapa 1: Dígito del día + dígito del mes = 5 + 3 = **8**

Segundo Período: 31 años + el dígito del año de nacimiento = 31 + 7 = 38

O sea de los 31 años hasta los 38 años inclusive

Etapa 2: Dígito del día + el dígito del año = 5 + 7 = 12/**3**

Tercer Período: De los 39 años hasta los 48 años (9 años) inclusive

Etapa 3: Primera etapa + segunda etapa = 8 + 3 = 11/**2**

Cuarto Período: De los 49 años hasta los 58 años inclusive y, en esta vibración, hasta el final de la vida.

Etapa 4: Dígito del mes + dígito del año = 3 + 7 = 10/**1**

Ciclos

Ciclo 1:

        Dígito del mes: **3**

Ciclo 2:

        Dígito del día: **5**

Ciclo 3:

        Igual al segundo: **5**

Ciclo 4:

Los 9 primeros años vibra el **5**; luego, vibra el número del año, reducido= **7**

Metas

Meta 1:

Dígito del día - dígito del mes =5 - 3 = **2**

Meta 2:

Dígito del día - dígito del año (en este caso, como no trabajamos con números negativos, restamos el número menor al número mayor) = 7 - 5 = **2**

Meta 3:

Dígito de la primera meta - dígito de la segunda meta = 2 - 2 = **0**

Meta 4:

Dígito del mes - dígito del año (en este caso, como no trabajamos con números negativos, restamos el número menor al número mayor) = 7 - 3 = **4**

Entonces tenemos:

Primer período: Hasta los 30 años inclusive

Etapa 8   Meta 2   Ciclo 3

Segundo período: de los 31 años hasta los 38 años inclusive

    Etapa 3   Meta 2   Ciclo 5

Tercer período: de los 39 hasta los 48 años inclusive

    Etapa 2   Meta 0   Ciclo 5

Cuarto período: de los 49 hasta los 58 años inclusive y hasta el final

    Etapa 1   Meta 4   Ciclos 5 y 7

Traduciendo estos números según la tabla que corresponde diremos:

En el primer período:

La etapa **8** indica fuerza, potencia, ambición, esfuerzo permanente. Necesidad de aplicar la inteligencia y el buen juicio. Evitar actuar de manera agresiva con los demás y con él mismo.

La meta **2** habla de la cooperación con otros, sin apresuramiento. Necesidad de ejercer la paciencia. Sensibilidad agudizada. Necesidad de concentrarse en los estudios y en la investigación.

El ciclo **3** indica que es tiempo de capacidad creadora, buena para investigar y escribir. Necesidad de controlar las emociones.

En el segundo período:

La etapa **3** marca la continuación de la actividad creativa. Poner por escrito los conocimientos, dictar cátedras y conferencias.

La meta **2** indica que continúa bajo la vibración antes descripta (2).

El ciclo **5** habla de que es tiempo de avanzar y adaptarse a los cambios, actuando con firmeza. Período muy activo que deja atrás el impulso, anteponiendo el análisis.

En el tercer período:

La etapa **2** muestra que continúa manejándose dentro del compartir y cooperar desde la investigación y el estudio.

La meta **0** habla de un momento de gran renovación. Todo vuelve a empezar.

El ciclo **5** indica que continúa bajo la vibración antes descripta (5).

En el cuarto período:

La etapa **1** está caracterizada por la vibración del liderazgo que le da la oportunidad de ser independiente, individual y original en pensamiento y en acción.

La meta **4** habla de que su trabajo le otorga bienestar material y claridad espiritual.

El ciclo **5** indica que continúa bajo la vibración antes descripta (5).

El ciclo **7** señala tiempos de perfeccionamiento con fines científicos y educativos, incluyendo el estudio de Ciencias Ocultas, así como la práctica de la paciencia para evitar accesos de mal humor.

Hasta nuestros días, esta mente privilegiada sigue iluminando el camino del conocimiento y abriendo puertas a la aventura del descubrimiento.

Nada es lo que parece y todo puede ser cierto ya que, según sus palabras, "la teoría es asesinada, tarde o temprano, por la experiencia".

Así pues, la enseñanza nos lleva a investigarlo todo y a no negar aquello que la soberbia no comprende.

"¡Triste época la nuestra!. Es más fácil desintegrar un átomo que un prejuicio" (Albert Einstein).

Capítulo 11
Algo Más (I)

CUATRIMESTRES

No queríamos terminar este libro sin hacer mención de dos "Algo Más" que complementan lo hasta aquí recorrido.

El primero de estos "Algo Más" es el método de los CUATRIMESTRES. Al igual que los descriptos anteriormente, también podemos obtener "muestras" tomando en cuenta la información que nos proporciona el estudio de los 3 grupos de 4 meses del año.

Los cuatrimestres se cuentan a partir del día del cumpleaños del consultante, hasta el tercer cuatrimestre, un año después. Por ejemplo: sea que nuestro consultante cumple años el 25 de setiembre, entonces tendremos lo siguiente:

Primer Cuatrimestre: 25/set. a 24/ene. inclusive.
Segundo Cuatrimestre: 25/ene. a 24/may. inclusive.
Tercer Cuatrimestre: 25/may. a 24/set. inclusive.

• Procedimiento

Comenzaremos suponiendo que la fecha de nacimiento de nuestro consultante es el 11 de marzo de 1987 y que el año en que hacemos el estudio (año actual) es el 2004.

Primer Paso

a) Se suman las cifras del año de nacimiento:

$$1987 = 1+9+8+7 = 25-$$

b) Se calcula el Armónico del Año, sumando el valor anterior al número del año actual:

$$25 + 2004 = 2029$$

c) Se reduce buscando los números maestros:

$$2029 \to 20 \text{ y } 29 \to 20 \text{ y } (2+9) \to 20 \text{ y } 11 \to 20 + 2 \to 22$$

Luego, el Armónico del Año será el número 22

Segundo Paso

Para calcular el número que identifica las características del primer período de cuatro meses se procede como se indica:

a) Se suma la edad actual al año actual y se reduce:

$$2004 \to 1987 = 17 \text{ (edad actual)}$$
$$17 + 2004 = 2021$$

b) Se reduce como se mostró anteriormente:

$$2021 \to 20 \text{ y } 21 \to 20 \text{ y } (2+1) \to 20 + 3 \to 23$$

Luego, el número que regirá el primer cuatrimestre de su año es el 23

Tercer Paso

Para calcular el número que identifica las características del segundo período de cuatro meses se procede como se indica:

a) Se suma la Vibración Kármica o Número de Karma al año actual y se reduce:

$$11 \text{ / marzo / } 1987$$
$$11 \text{ / } 3 \text{ / } 1987$$
$$11 + 3 + 25 \rightarrow 2 + 3 + 7 \rightarrow 12 = 3 \text{ (Número de Karma)}$$
$$3 + 2004 = 2007$$

b) Se reduce como se mostró anteriormente:

$$2007 \rightarrow 20 \text{ y } 07 \rightarrow 20 + 7 \rightarrow 27$$

Luego, el número que regirá el segundo cuatrimestre de su año es el 27

Cuarto Paso

Para calcular el número que identifica las características del tercer período de cuatro meses se procede como se indica:

a) Se suma la Clave de Carácter al año actual y se reduce:

La Clave de Carácter se obtiene como el número que se encuentra en la Tabla "Código de Los Magos", en la intersección de la fila identificada por el número del día del nacimiento y la columna identificada por el mes de nacimiento.

TABLA 21
CODIGO DE LOS MAGOS

MES→ DIA↓	ENE	FEB	MAR	ABR	MAY	JUN	JUL	AGO	SET	OCT	NOV	DIC
1	9	10	5	6	6	7	11	10	11	11	3	3
2	8	8	6	7	7	8	1	11	3	3	1	2
3	2	9	7	6	6	7	11	3	4	4	5	3
4	9	10	8	9	9	8	3	4	5	5	4	4
5	10	2	9	10	10	9	4	5	6	6	5	2
6	2	3	10	2	9	10	5	6	7	5	6	3
7	3	4	2	3	1	2	6	7	8	6	4	4
8	4	5	3	2	2	3	7	8	7	7	5	5
9	5	6	4	3	3	4	8	9	8	5	6	6
10	6	7	3	4	4	5	9	8	9	6	7	7
11	7	8	4	5	5	6	10	9	7	7	8	8
12	8	7	5	6	6	7	9	10	8	8	9	8
13	9	8	6	7	7	8	10	8	9	9	10	9
14	8	9	7	8	8	7	11	9	10	10	10	10
15	9	10	8	9	9	8	9	10	11	11	11	11
16	10	11	9	10	8	9	10	11	3	11	3	3
17	11	3	10	11	9	7	11	3	4	3	4	4
18	3	4	11	12	10	8	3	4	4	4	5	5
19	4	3	4	11	8	6	4	5	5	5	6	4
20	2	3	11	9	6	6	5	5	6	6	5	12
21	3	1	9	7	7	7	6	6	7	7	1	8
22	4	11	10	8	8	7	6	7	5	1	9	7
23	5	4	8	9	9	8	7	5	6	9	8	6
24	13	5	9	10	1	7	5	6	1	8	7	5
25	5	12	10	11	11	8	6	7	9	7	6	6
26	6	4	3	4	11	8	7	9	8	6	7	9
27	4	5	3	4	3	9	8	8	7	7	1	3
28	5	6	4	4	4	9	8	7	8	1	4	6
29	6	7	5	5	5	1	7	8	11	4	7	9
30	7	7	5	6	6	8	6	5	4	11	1	3
31	8	7	6	6	11	8	5	4	4	1	1	4

En el caso que estamos tratando, la Clave de Carácter es el número 4, obtenido en la tabla, de la intersección de la fila correspondiente al día 11 con la columna correspondiente al mes de marzo

Tenemos, por consiguiente, que el número que regirá el tercer cuatrimestre de este consultante, sumando la Clave de Carácter al año actual, tal como señalamos al inicio de este paso, es el:

$$4 + 2004 = 2008$$
$$2008 \rightarrow 20 \text{ y } 08 \rightarrow 20 + 8 = 28$$

Una vez calculados los valores identificatorios de los Cuatrimestres, se buscará su significado en la tabla "Significado de los Cuatrimestres" así como el de la "Clave de Carácter" que se obtendrá de la tabla correspondiente que adjuntamos a continuación.

TABLA 22	
LAS CLAVES DE CARÁCTER	
Clave	Carácter
1	Dominante y testarudo, generalmente insiste en mandar y ser el centro de la atención. Exigente y poco tolerante.
2	Sometido, componedor, diplomático, pacifista; se pone tanto al servicio de la situación, que puede llegar a aceptar el rol de mártir.
3	Le cuesta tomar decisiones rápidas, ya que pierde energía y tiempo viendo demasiados aspectos de un problema.
4	Debe tener cuidado con la ambición material y apoyarse en situaciones concretas que le permitan sentirse seguro y confiado antes de dar el paso.

5	La inquietud que mueve su vida, la necesidad de cambios y sorpresas, puede ser canalizada a través de todo lo que tenga que ver con lo creativo y con las novedades que aportan los viajes. Un aspecto a considerar es el lugar que ocupa el sexo y la seducción en su vida.
6	Le interesa aquello que tenga que ver con la política y con la comunidad de la que forma parte. Es obcecado, le apasiona discutir, es inflexible en su posición, pero convencido de que todo lo hace por el bien de los demás.
7	Gran percepción psíquica, tendencia al misticismo y a la búsqueda de los misterios. Esta clave trae luchas y obstáculos y, en algunos casos, sucesos fuertes que marcan y duelen.
8	Fuerza. Potencia. Poder para lograr sus objetivos. Busca la seguridad personal y la de los suyos.
9	Liderazgo espiritual. Interés por lo esotérico. Fuerza para superar las pruebas que se le imponen de modo que el alma crezca. Sabiduría para reconocer los aprendizajes.
10	Estamos frente a un espíritu precursor, con empuje y vitalidad. Ejerce el dominio para conducir a los demás al triunfo.
11	Si se deja llevar por la sabiduría de su alma será elevado, inspirado y espiritual; pero si se deja guiar por la duda que le imprime su personalidad, a menudo verá todo bajo un tinte negativo y vacilante.
12	Debe manejarse con cuidado y utilizar el tacto para evitar que aflore, en el momento menos oportuno, la capacidad de mando que esconde en su interior.
13	No puede luchar contra la fuerza dominante positiva que lo embarga. Sabe tomar lo que quiere, así como sabe qué es lo que quiere. Que nadie intente manejarlo o gobernarlo.

TABLA 23		
SIGNIFICADO DE LOS CUATRIMESTRES		
Valor	Cuatrimestre
13	Habla de cambio de planes o de lugar. Indica la posibilidad de morir para renacer transformado.
14	Período de cambios en los negocios y asuntos monetarios, con la atención puesta en su trabajo y poco en su familia. Puede haber riesgo de separación o divorcio.
15	Buen período para obtener dinero y para las relaciones amorosas. Habla de nacimientos, pero también de la aparición de nuevas pasiones; por lo tanto, cuidado porque pueden sobrevenir divorcios.
16	Accidentes. Contrariedades. Oportunidades inesperadas. No es bueno para viajar, firmar documentos o pactar sociedades sin una muy buena asesoría legal.
17	Es un número afortunado que sabe despertar la esperanza. Sabe usar la experiencia ganada en otras vidas para aprovecharla en los acontecimientos de hoy.
18	Esta es una vibración negativa. Engaños, traiciones, peligros, enemigos, calamidades.
19	Vibración amorosa. Es el número del matrimonio. Felicidad triunfo, honores, fortuna.
20	Nuevas actividades, posibilidades e intereses. Buen período comercial. Posibilidades de cambiar el círculo social, a causa de su reposicionamiento.
21	Este es un número de vibración muy afortunada. El triunfo está asegurado. Puede lograr sus más caros sueños. Aproveche este período.
22	Es una etapa en la que no podrá confiar en sus juicios, sus asuntos tambalearán. Tenga cuidado. Es mejor no

	actuar o hacerlo muy bien asesorado. No deje nada librado al azar.
23	Tensión nerviosa. Etapa de muchos cambios, actuaciones legales, ventas. Se recomienda mantener la cabeza en su lugar para no perder; de esta forma, podrá convertir este movimiento en triunfos.
24	Buen período para planificar y apostar al futuro. En este período, lo más importante será la familia y todo lo que esto implica.
25	Período de pruebas. Habrá que cuidar la salud propia y la de los ancianos. Sensación de malestar y disconformidad.
26	Con buen juicio, sin apresurarse en las decisiones, vigilando las sociedades, podremos hablar de un muy buen período para las finanzas.
27	Este es un tiempo desfavorable para iniciar cualquier cosa. Es un momento donde las contrariedades se imponen.
28	No se desborde: éste es un momento para relajarse y dejarlo pasar. De todas maneras, relajarse no significa descuidarse. De su inteligencia depende el éxito o el fracaso.
29	Cuidado con las traiciones: momento para no descuidarse. Peligros, advertencias que deben ser tenidas en cuenta. Decepciones.
30	Éste es un momento para utilizar todo su caudal reflexivo. Así podrá descubrir, si se lo propone, su talento y su capacidad y cómo éste puede imponerse ante los otros.
31	Retomamos en esta vibración los contenidos del número 30, pero con el riesgo de aislarse de los demás, reconcentrarse, volverse solitario y de esta manera comenzar a sentirse desafortunado y víctima de sensaciones fluctuantes.

32	Es afortunado y muy favorable, si hace un culto del buen juicio y del sentido común, ya que es probable que sienta que una especie de poder mágico gana su vida. Si bien es verdad que una energía especial lo envuelve, sepa cómo aprovecharla al máximo y no deje nada librado al azar.
33	Ganas de estar en casa. Los conflictos o las alegrías llegan, por lo general, del ámbito familiar. Bueno para planificar los sueños.
34	Período de pruebas. Finales y comienzos. La salud requiere atención, como así también los ancianos y los niños.
35	Aproveche para hacer buenos negocios usando su buen juicio, si no podrá perderlo todo, sea cuidadoso y creativo.
36	Volvemos a hablar de un período desfavorable. Cuidado con los emprendimientos, la salud y los afectos.
37	Muy buena vibración. Las sociedades brillan, los amigos responden con afecto y el amor florece.
38	Es una vibración desfavorable, los peligros prueban su fe y su alerta. Cuidado con las traiciones. Esté prevenido.
39	Claridad mental. Rapidez en las resoluciones. Aciertos en las actitudes reflexivas.
40	No se deje llevar por la necesidad de estar solo, ya que nadie lo comprende ni puede seguir su pensamiento. Si bien es verdad que éste es un período de mayor potencia mental, no permita que esto lo convierta en un pedante que se siente desafortunado.
41	Número favorable. Con una energía positiva que lo guía y lo afirma. Aproveche este momento, apoyándose siempre en su buen juicio.
42	Amor y alegrías en este momento, así como también aflicciones. Es una etapa de polaridades, en la que los opuestos juegan para probar su equilibrio.

43	Cuidado. Es un número que no está bien aspectado en su vibración. Revoluciones internas que pueden llevarlo al fracaso.
44	Muy bueno para todo lo que tenga que ver con lo económico o financiero, pero cuidado con la salud y con lo que acontezca en forma sorpresiva.
45	Los enemigos declaran la guerra y usted deberá estar de pie para no permitir que la ganen. Es un período en el que no es conveniente viajar, invertir o innovar.
46	Buenas noticias. Las relaciones amorosas y de amistad, de parabienes. Disfrute al máximo este buen momento.
47	Atento pero no tenso. Las circunstancias quieren alterarlo; no lo permita. La traición espera su momento, no se lo dé servido en bandeja.
48	Buen momento para la introspección, evitando caer en la depresión. Éste es un momento de poca acción y mucha revisión interna.
49	Inestabilidad. Asesórese antes de actuar. Tenga cuidado y piense más de dos veces cada cosa de importancia. Apóyese en el buen juicio y no actúe por impulsos.

Capítulo 12
Algo Más (II)

EL MENSAJE DE LAS LETRAS

Nuestro segundo "Algo Más" consiste en proporcionarles el método para descubrir el Mensaje oculto en las letras de nuestros nombres, que complementa en cierta medida el mensaje de las vocales, que vimos en un capítulo anterior.

Se amplía con este método, el espectro del Universo encerrado en los símbolos gráficos occidentales. Pequeños mundos encerrados en cada letra que constituyen información que, sumada a todo lo que ya pudimos conocer, aportan nuevos e interesantes datos.

Recorra su nombre letra por letra, leyendo los mensajes que éstas encierran y que están descriptos en la tabla correspondiente y tendrá una buena perspectiva de los potenciales que hay en usted para poder aprovecharlos al máximo.

TABLA 24		
MENSAJE DE LAS LETRAS		
Letra	Mensaje
A	Es la primera, la que actúa, la que manda y la que posee la autoridad innata para ocupar ese lugar. Su número es el 1.
B	Esta letra habla de la sensibilidad del amor y de la bondad del servicio. Esta letra se cierra en el corazón para poder abrirlo ante la necesidad del otro. Su número es el 2.
C	Es la que está abierta para poder captar como una antena, la energía que el Universo provee. Esto le permite captar el conocimiento que está grabado en el medio en el que existe. Su número es el 3.
D	Se cierra con obstinación en su afán de ser concreta y mantenerse afirmada en el mundo de la tridimensión. Esto, si bien le permite concretar sus metas, a la vez la limita y la encierra. Su número es el 4.
E	Es una antena que capta el cosmos y las mentes. Sabe escuchar y sabe hablar. La comunicación encuentra su correspondencia. Su número es el 5.
F	Es sensible y maleable, tanto como para poder darle forma a lo que la rodea. Parece frágil, pero posee en sí misma la fortaleza de lo bueno. Su número es el 6.

G	Al replegarse en sí misma es capaz de generar pensamientos que al combinarse dan lugar a nuevos procesos. Su número es el 7.
H	Conocimiento oculto. Marca los senderos de la evolución y la involución, el equilibrio entre la materia y el espíritu. Por lo tanto, busca el equilibrio y la paz. Su número es el 8.
I	La inteligencia superior provoca la necesidad de un trabajo interior. Las ideas fluyen y no pueden detenerse. Su número es el 9.
J	Es el buen juicio. Toma elementos de la realidad para poder verlos y analizarlos, pudiendo así, reelaborar lo existente. Su número es el 1.
K	Está hablando de los poderes ocultos, la magia de los tiempos. Posee una potente carga magnética. Su número es el 2.
L	El lenguaje está en esta letra, representado. Es lenta porque se toma su tiempo para analizar, pensar y luego responder con autoridad. Su número es el 3.
M	Es sólida y concreta. Mide y construye. Calcula y analiza para no tener sorpresas en el camino. Su número es el 4.
N	Así como la M construye en lo concreto, la N construye en lo mental, en el plano de las ideas para que luego sean bajadas a lo concreto. Su número es el 5.
O	Pone orden en su entorno. No soporta el desconcierto que genera el desorden. Su sentido de la responsabilidad es casi excesivo. Su número es el 6.

P	Analiza demasiado. Es demasiado perfeccionista y muy reservada; esto la vuelve frágil porque no acciona con rapidez. Su número es el 7.
Q	Observadora y analítica, busca el beneficio para todos. Trata de clasificar lo que observa para poder trasmitirlo con objetividad. Su número es el 8.
R	Los afectos la desbordan. A menudo las emociones bloquean su accionar, pero cuando se despoja de sus impedimentos, es reflexiva y creativa. Su número es el 9.
S	Gracias a su flexibilidad posee la cualidad de adaptarse a toda circunstancia. Su capacidad de escuchar y comprender la lleva a lograr una gran sabiduría. Su número es el 1.
T	Esta letra lleva a realizar grandes transformaciones interiores, buscando en lo más profundo las verdades del alma. Su número es el 2.
U	Es el vaso contenedor del caos para convertirlo en Cosmos. Por lo tanto, posee la fuerza para generar una energía de expansión hacia los hombres y el universo. Su número es el 3.
V	Es fortaleza y voluntad, vehiculizando una importante energía componedora entre partes. Su número es el 4.
W	Enorme potencial de transformación. Meditando en su grafismo, se pueden lograr cambios revolucionarios en la existencia. Su número es el 5.

X	El misterio mueve al karma y la x posee en sí misma la respuesta a los enigmas y la potencia de lo que está ocurriendo. Su número es el 6.
Y	Es el camino que toman las ideas para materializarse, y la lucha que se plantea en el camino de la dualidad para llegar a la universalidad. Su número es el 7.
Z	Traza el camino del sabio que logra vivir conciliando la materia y el espíritu. De esta manera, genera el poder del Todo en la vida. Su número es el 8.

Índice

Palabras preliminares a la presente colección	5
1 – Introducción	7
Generalidades	
¿Qué es la numerología?	
2 – Metodología básica del estudio numerológico	19
Consideraciones previas	
Tabla de correspondencias	
Obtención de los números característicos	
3 – El significado de algunos números	59
Tabla primaria de los números	
Los números y los planetas	
Números kármicos	
Significado oculto de algunos números	
Números maestros	
4 – El significado de los números simples	71
5 – Tránsito de letras	81
6 – Etapas, ciclos y metas	99

7 – Ciclos numerológicos de 40 dias	107
8 – La Kabaláh Procedimiento	111
9 – Las vocales y sus mensajes Procedimiento	119
10 – Estudio numerológico: Albert Einstein	123
11 – Algo más (I) Cuatrimestres	139
12 – Algo más (II) El mensaje de las letras	149

Mibros
IMPRESIONES

Este libro se terminó de imprimir
en Julio de 2005 Tel.:(011) 4204-9013
Gral. Vedia 280 Avellaneda
Buenos Aires - Argentina.

Tirada 3000 ejemplares

Si desea recibir información gratuita sobre nuestras novedades y futuras publicaciones, por favor:

Llámenos o envíenos un fax al: (54-11) 4811-0507

Envíenos un e-mail: info@kier.com.ar

Complete el formulario en: www.kier.com.ar/cuestionario.php

Recorte esta página y envíela por correo a:

EDITORIAL KIER S.A.
Avda. Santa Fe 1260
CP 1059 - Buenos Aires
República Argentina
www.kier.com.ar
www.cnargentina.com.ar
www.megatiendanatural.com.ar

Apellido
Nombre
Dirección
Ciudad - Código Postal
Provincia - País
e-mail

Si desea realizar alguna sugerencia a la editorial o al autor, no dude en hacerla llegar. Su opinión es muy importante para nosotros.

Muchas gracias.
EDITORIAL KIER

NUMEROLOGÍA
Una sabiduría práctica para la vida cotidiana